AF453471

MANUEL ANNUAIRE
DU CONTRIBUABLE

METTANT A LA PORTÉE DE TOUT LE MONDE

Le résumé des lois, des instructions et de la jurisprudence.

Contribution foncière.
—   des portes et fenêtres.
—   personnelle et mobilière.
—   des patentes.
Taxe des prestations.
Taxe sur les chiens.
Explication des avertissements, ou moyen de reconnaître si l'on est bien ou mal imposé.
Réclamations; — *Pièces* à joindre aux demandes et *délais* dans lesquels elles doivent être présentées, etc., etc.
40 MODÈLES DE PÉTITIONS.

Par H^{te} GOUGET (d'ANDELOT),

Contrôleur des Contributions directes.

PARIS,

CH. DELAGRAVE ET Cie, ÉDITEURS,

RUE DES ÉCOLES, 58.

1871

TOULOUSE. — IMPRIMERIE DE A. CHAUVIN ET FILS.

AVERTISSEMENT.

Chacun, en France, est ou peut devenir passible d'impôts directs, et tout contribuable peut être appelé à remplir les fonctions de *répartiteur* ou de *classificateur*.

Ainsi, parmi les lois qui nous régissent, il en est peu qui intéressent aussi directement les masses que celles qui sont relatives aux contributions directes ; mais en même temps il en est peu dont les dispositions soient si généralement méconnues.

Dans un siècle où l'on demande de toutes parts l'instruction pour tous, nous pensons qu'on nous saura gré d'entreprendre, — dans la limite de nos attributions, — l'instruction de toutes les classes de la société, c'est-à-dire de publier une œuvre modeste qui, sous la forme d'un manuel annuaire, portera insensiblement, dans la grande famille des contribuables, la *connaissance pratique du droit et du devoir en ce qui concerne les contributions directes.* C'est ainsi que nous obtiendrons un résultat utile : aux *maires* et *répartiteurs,* en leur permettant de remplir leurs fonctions d'une façon plus régulière et plus complète; et aux contribuables, en leur assurant une plus sérieuse garantie de justice distributive dans l'établissement de leurs cotisations.

D'autre part, s'il est bon et utile que tout le monde sache que nos différents services n'ont rien à redouter ni des yeux ni du contrôle de tous, c'est une chose nécessaire quand il s'agit des charges publiques. Car le meilleur moyen d'alléger le poids de l'impôt dans l'opinion comme dans la réalité, de prévenir les fausses réclamations, de faire cesser les répugnances et les récriminations, qui sont les révoltes ordinaires de l'ignorance, c'est de montrer que les contributions s'établissent d'après des règles fixes, équitables, sans préférence ni pour l'un ni pour l'autre, en un mot, sans arbitraire;

c'est d'apprendre aux contribuables à se rendre un compte exact des taxes qui leur sont imposées, et à se rappeler que , s'il se peut glisser des erreurs dans l'établissement de leurs cotisations, ces erreurs peuvent toujours être réparées; enfin c'est de leur enseigner le moyen d'obtenir le redressement de ces erreurs eux-mêmes, aisément et sans le secours d'aucun intermédiaire.

Instruits sur ce dernier point, les contribuables ne se verront plus dans la pénible nécessité de recourir à certains individus peu scrupuleux, qui s'arrogent le titre d'agents d'affaires pour exploiter la crédulité publique, et dont l'intervention coûte presque toujours plus qu'elle ne rapporte.

MANUEL ANNUAIRE

DU CONTRIBUABLE.

DE L'IMPOT.

On distingue un assez grand nombre d'impôts quant à leur nature. Mais on comprend généralement sous le nom d'impôt toutes les taxes qui se perçoivent au profit du Trésor public.

Nous n'insisterons pas sur l'origine et le but de l'impôt. Personne n'ignore que, pour faire respecter le drapeau de la France et assurer la sécurité des personnes et des propriétés, pour veiller au culte, à l'instruction publique, aux grandes communications par terre et par eau, en un mot, pour créer et conserver tout ce qui concourt à la formation et à l'entretien de l'édifice social, l'Etat a besoin de ressources, et qu'ainsi l'impôt a sa raison d'être dans les nécessités auxquelles il est destiné à pourvoir.

Nous dirons seulement que, confiants dans le chef de l'Etat qu'ils se sont choisi, dans les députés qu'ils ont investi de leur mandat, les contribuables doivent accepter les charges contributives avec cette pensée : que l'impôt n'est que le prix des bénéfices sociaux auxquels ils participent tous dans des proportions diverses ; et que non-seulement il n'appauvrit pas la nation, mais qu'il la vivifie, car il retombe sur elle pour féconder toutes les sources de la prospérité publique.

CONTRIBUTIONS DIRECTES.

Les *contributions directes* sont ainsi nommées parce qu'elles se perçoivent *directement* sur les contribuables en vertu de *rôles nominatifs.*

Il existe quatre espèces de contributions directes proprement dites :

1° La contribution foncière;

2° La contribution des portes et fenêtres;

3° La contribution personnelle et mobilière;

4° La contribution des patentes.

On range également dans la catégorie des contributions directes diverses taxes qui se perçoivent en vertu de rôles nominatifs.

Nous citerons :

1° La taxe des prestations;

2° La taxe sur les chiens.

On appelle encore *communales* ces deux dernières contributions, parce que leurs produits sont exclusivement pour les *communes*, tandis que les quatre premières contributions profitent à la fois à l'État, aux départements et aux communes.

Les contributions directes, relativement à leur assiette, sont distinguées en *impôt de quotité* et en *impôt de répartition.*

Impôt de répartition. — L'*impôt de réparti-*

tion est celui dont la somme totale est prévue et fixée d'avance. Ainsi le gouvernement détermine par la loi annuelle des finances la somme à payer par chaque département.

On voit ensuite intervenir :

1º Le Conseil général, qui détermine la part de chaque arrondissement ;

2º Le Conseil d'arrondissement, qui fixe le contingent de chaque commune ;

3º Le Conseil de répartition, qui répartit l'impôt sur chaque contribuable.

La contribution *foncière,* celle des *portes et fenêtres* et la contribution *personnelle-mobilière* sont des impôts de répartition.

Impôt de quotité. — L'*impôt de quotité* est celui dont les taxes résultent de l'application à des éléments variables, de tarifs ou de proportions déterminées, et dont, par conséquent, les produits ne peuvent pas être évalués d'avance d'une manière certaine ; cet impôt est essentiellement éventuel et aléatoire : il est subordonné aux phases du commerce, aux besoins et aux caprices des contribuables.

La contribution *des patentes,* la taxe des *prestations* et celle *sur les chiens* sont des impôts de quotité.

Centimes additionnels. — Les contributions directes ont été constamment augmentées, dès leur origine, de suppléments proportionnels calculés au marc le franc de leur principal, soit pour subvenir aux dépenses locales des départements et des communes, soit enfin pour couvrir les non-valeurs et les frais inhérents à la perception des impôts.

Les centimes additionnels se nomment *ordinaires* ou *extraordinaires*, suivant qu'ils doivent couvrir des dépenses *obligatoires* ou *facultatives*.

Les centimes additionnels ordinaires ont une destination dont l'Etat se fait juge.

Les centimes additionnels extraordinaires sont établis pour subvenir aux besoins temporaires de l'Etat, des départements et des communes ; on les appelle, suivant leur origine, centimes *généraux*, *départementaux* ou *communaux*.

Les centimes généraux, étant d'une utilité commune à toute la France, sont imposés par le pouvoir législatif, comme le principal même des contributions directes. Ils profitent à l'Etat et servent à constituer un fonds de secours pour les communes atteintes par les grêles, les inondations, les incendies et autres événements fortuits.

Ce fonds commun est une espèce de caisse mutuelle établie en faveur de ceux qui éprouvent des pertes extraordinaires ; la part revenant à chacun est entièrement subordonnée aux sinistres dont il a été victime, quelle que soit d'ailleurs sa mise dans la masse commune.

Les centimes départementaux sont votés par le Conseil général et sont spécialement destinés à procurer des avantages au département qui supporte cette imposition, tels que voies de communications, établissements humanitaires, et, en général, tout ce qui peut contribuer au bien-être des populations.

Les centimes communaux sont votés par le Conseil municipal, et le produit de cette imposition est intégralement affecté aux dépenses de la commune. Si , par exemple, une commune veut construire ou réparer une église , une maison d'école, un presbytère, etc., et qu'elle n'ait que des ressources insuffisantes , elle est obligée d'y suppléer par des centimes additionnels dont chaque habitant imposable supporte sa quote-part.

Ces explications prouvent, d'une manière incontestable, que les contribuables ont trop souvent tort de se plaindre de légères augmentations d'impôt dont ils sont les premiers à profiter, et de récriminer, sans raison aucune, contre l'État, qui est complétement étranger à ces petits suppléments de contribution.

Chacun comprend la nécessité et l'utilité des centimes additionnels, qui forment, sans contredit, l'élément le plus actif du succès dans les villes comme dans les communes rurales.

Modifications annuelles des contingents. — L'administration des contributions directes forme chaque année un état qui fait ressortir tous les mouvements de la matière imposable. Les accroissements ou pertes de revenus fonciers viennent en augmentation ou diminution du contingent de la contribution foncière.

Les moindres formations ou disparitions de la matière imposable sont relevées pour la modification annuelle du contingent foncier des communes ; mais il n'en est pas de même pour les contributions des portes et fenêtres et personnelle et mobilière, dont les contingents ne varient que d'après l'importance des constructions et démolitions.

Ainsi, lorsqu'il n'y a ni augmentation, ni diminution de constructions, les ouvertures omises ou nouvellement pratiquées, les ouvertures supprimées ou indûment imposées ne provoquent pas de modification de contingent.

De même, pour la contribution personnelle et mobilière, la création de cotes nouvelles ou la suppression de cotes anciennes, les augmentations ou diminutions de cotes particulières **n'affectent** pas le contingent (1).

CONTRIBUTION FONCIÈRE.

La contribution foncière porte sur les immeubles : terres, prés, vignes, bois, etc., maisons, usines, manufactures, etc.; en général, sur tout ce que l'on appelle du *bien au soleil*.

La répartition de la contribution foncière est faite par égalité proportionnelle sur toutes les propriétés foncières, à raison de leur *revenu net* imposable, sans autres exceptions que celles déterminées par la loi pour l'encouragement de l'agriculture et dans l'intérêt général de la société.

La base de la contribution foncière est donc le *revenu net* des propriétés. Ce revenu net se détermine au moyen de plusieurs opérations dont l'ensemble porte le nom de CADASTRE.

On sait que les résultats des opérations cadastrales sont consignés dans trois pièces principales :

1° Le plan, qui présente aux yeux la configuration

(1) Voir à la contribution personnelle et mobilière les devoirs des répartiteurs.

exacte du terrain avec toutes ses divisions au jour de l'arpentage;

2º L'état de sections, qui offre dans l'ordre topographique (ordre des numéros du plan) le nom du propriétaire, la situation, la nature, la contenance et le revenu imposable de chaque parcelle;

3º La matrice, qui renferme, avec les mêmes détails, un article présentant, sous le nom de chaque propriétaire, la réunion de toutes les parcelles qu'il possède dans la commune.

Nous n'entrerons pas dans le détail des opérations cadastrales; nous recommanderons seulement aux propriétaires, lorsqu'ils verront le renouvellement du cadastre, de suivre attentivement les travaux qui s'exécuteront et de se rendre ponctuellement aux différents appels qui leur seront faits.

Les contribuables ont tout intérêt à donner les renseignements nécessaires pour prévenir des erreurs qui pourraient leur être préjudiciables.

Différence entre le revenu cadastral ou matriciel et le revenu réel. — Il ne faudrait pas confondre le revenu cadastral ou matriciel avec le revenu réel. Le revenu cadastral ou matriciel, qui sert de base à la contribution foncière, peut présenter des chiffres inférieurs ou supérieurs au revenu réel, pourvu que ces chiffres soient proportionnels à ce revenu.

La proportion qui existe entre le revenu cadastral et le revenu réel s'appelle proportion de rehaussement du revenu cadastral; elle représente le chiffre qui, multiplié par le revenu cadastral, reproduit le revenu net réel.

Exemple : Soit un revenu cadastral de 6 francs ; si la proportion de rehaussement est de 1 fr. 50 cent. ; en multipliant 6 fr. par 1 fr. 50 cent., on obtient un revenu net réel de 9 francs (1).

La contribution foncière, comme nous l'avons dit, a pour objet :

1° La propriété *non bâtie* (terres, vignes, prés, bois, etc.) ;

2° La propriété *bâtie* (maisons, usines, manufactures, etc.).

PROPRIÉTÉ NON BATIE.

Le revenu net imposable des propriétés non bâties est ce qui reste au propriétaire, déduction faite sur le produit brut des frais de culture, semence, récolte, entretien et réparations.

Pour déterminer le revenu net imposable, on divise les différentes natures de propriétés en un certain nombre de classes, à chacune desquelles on attribue une évaluation particulière ; puis on procède au classement de chaque parcelle.

Fixité des évaluations cadastrales. — Après la mise en recouvrement du premier rôle cadastral, les propriétaires sont mis en demeure de réclamer, pendant six mois, contre les erreurs de classement ou de contenance commises à leur préjudice ; mais, passé ce délai, toute demande est nécessairement frappée de déchéance.

(1) La proportion de rehaussement du revenu cadastral de chaque commune figure dans la délibération par laquelle le Conseil municipal a adopté le tarif des évaluations.

Ainsi, sauf quelques exceptions que nous aurons à signaler, la base de la contribution foncière pour les propriétés non bâties ne subit aucune variation et reste immobile jusqu'à un nouveau cadastre. Par exemple, une vigne transformée en terre, un pré devenu pacage, en général un terrain quelconque dont la valeur a diminué par suite de la négligence ou de l'inhabileté du propriétaire conserve l'impôt qui lui a été primitivement attribué.

Mais, en revanche, la plantation d'une terre en vigne, le changement d'un pacage en pré, en un mot, toutes les transformations avantageuses que l'on peut faire subir à un terrain ne provoquent aucune augmentation d'impôt.

La fixité des évaluations cadastrales qui, de prime abord, pourrait paraître rigoureuse, est donc établie en faveur des propriétaires intelligents et laborieux qui augmentent les produits de leurs propriétés sans éprouver une augmentation de contribution foncière. Elle laisse aux propriétaires le temps de jouir des améliorations qu'ils apportent à leurs héritages par une culture mieux entendue, ou au prix de sacrifices plus ou moins grands. Mais néanmoins cette fixité doit avoir une limite, car beaucoup de biens-fonds acquièrent une plus grande valeur pour des causes indépendantes de la volonté des propriétaires; et, de plus, il est juste qu'un terme soit fixé pour le redressement des erreurs qui peuvent exister dans les premières évaluations.

Corrosion, détérioration. — Lorsque, par l'effet d'une inondation ou de tout autre événement imprévu et indépendant de la volonté du propriétaire, un terrain éprouve une corrosion ou une détérioration, le propriétaire est admis à réclamer à toute époque ; et, dans ce cas, l'administration s'empresse de supprimer de la matière imposable la portion corrodée, ou de déclasser la parcelle détériorée.

Nous disons que la détérioration, pour donner lieu à diminution d'impôt, doit être produite par une cause indépendante de la volonté du propriétaire ; et que, si elle provient, par exemple, de l'exploitation d'une carrière, de l'établissement d'un chantier et, en général, d'une industrie quelconque, elle ne peut motiver aucun dégrèvement.

Abandon de terrain. — Les contribuables ne peuvent s'affranchir de la contribution à laquelle leurs fonds sont soumis qu'en renonçant à ces propriétés au profit de la commune dans laquelle elles sont situées.

La déclaration détaillée de cet abandon perpétuel doit être faite par écrit au secrétariat de l'administration municipale, par le propriétaire ou par un fondé de pouvoir spécial.

Immeubles non imposables. — Ne sont pas imposables : les rues, places publiques, cimetières, promenades, chemins publics, rivières, ruisseaux, lacs, etc. , etc., ainsi qu'une quantité considérable d'immeubles d'utilité publique.

Nous mentionnerons de plus les forêts de l'Etat et autres domaines de l'Etat non productifs de revenu. Toutefois les propriétés de l'Etat *productives de revenu,* telles que les forêts et les biens affermés, contribuent aux dépenses des chemins vicinaux dans les mêmes proportions que les propriétés privées, et d'après un rôle spécial dressé par le préfet.

La loi exempte encore de la contribution foncière les jardins ou vergers attenant aux presbytères et aux maisons d'école.

PROPRIÉTÉ BATIE.

La contribution foncière a encore pour objet les *propriétés bâties*, c'est-à-dire les maisons, usines, boutiques, ateliers et, en général, tous les bâtiments affectés à l'habitation, au commerce ou à l'industrie.

Chaque bâtiment imposable est évalué en deux parties, savoir : le *sol*, sur le pied des terres labourables de première classe ; et l'*élévation*, d'après la valeur locative qu'elle représente.

Les terrains sur lesquels on construit des bâtiments gardent leur imposition primitive jusqu'à un nouveau cadastre.

Le revenu net imposable des propriétés bâties se base sur leur valeur locative réelle, déduction faite des frais de *dépérissement, réparations* et *entretien* des bâtiments.

Cette déduction est d'un quart pour les maisons d'habitation et autres locaux affectés au commerce, et d'un *tiers* pour les usines (fabriques, manufactures, moulins, forges, etc.).

Révision des évaluations cadastrales des propriétés bâties. — Les évaluations cadastrales des propriétés bâties d'une commune peuvent être révisées et renouvelées tous les dix ans, sur la demande du conseil municipal.

En outre, les contribuables peuvent réclamer à toute époque contre l'évaluation de leurs *propriétés bâties*, en cas de surtaxe ou de démolition totale ou partielle.

Bâtiments ruraux. — Les bâtiments servant aux *exploitations rurales*, tels que *granges, écuries, greniers, caves, celliers, pressoirs* et *autres*, destinés soit à loger les bestiaux des fermes ou métairies, soit à serrer les récoltes, ne sont pas imposables à la contribution foncière pour l'*élévation*, mais seulement pour le *sol*, évalué sur le pied des meilleures terres labourables de la commune.

Un bâtiment rural converti en maison d'habitation devient imposable à la contribution foncière et doit être considéré comme une construction nouvelle ; de même, une maison convertie en bâtiment rural n'est plus imposable et doit être considérée comme démolie.

Vacances de maisons et chômages d'usines. — Le propriétaire d'une maison *destinée à la location* peut présenter une demande en remise des contributions foncières et des portes et fenêtres lorsque, malgré *ses démarches*, il n'a pu louer cette maison pendant un *trimestre*, un *semestre* ou une *année entière*.

Mais, afin de ne pas présenter des réclamations qui seraient impitoyablement rejetées, le propriétaire doit se rappeler que, pour avoir droit à une remise d'impôt, il faut absolument qu'il soit dans l'*usage* de louer la maison pour laquelle il réclame et qu'il soit en mesurer de justifier qu'il a cherché à faire connaître son intention de louer au moyen d'affiches, d'écriteaux, d'insertion dans les journaux, etc.; et que si, par suite d'une circonstance quelconque, sa maison était impropre à la location, il ne serait pas fondé à réclamer.

On accorde les mêmes dégrèvements, d'après des principes identiques, pour les chômages d'usines et autres établissements industriels.

Bâtiments non imposables. — Ne 'sont pas imposables :

Les églises et temples consacrés à un service public, les presbytères, les mairies, les maisons d'école, etc., et, en général, tous les bâtimen's non affermés appartenant à l'Etat, aux départements et aux communes.

EXEMPTIONS ET MODÉRATIONS TEMPORAIRES D'IMPÔT.

Constructions nouvelles. — Les maisons et usines nouvellement construites ou reconstruites ne sont soumises à la contribution foncière que la *troisième* année après leur construction ou reconstruction, c'est-à-dire qu'elles sont exemptes de l'impôt foncier pendant les *deux premières* années qui suivent leur construction ou reconstruction.

Terrains améliorés. — La cotisation des marais qui viennent à être desséchés ne peut être augmentée pendant les vingt-cinq premières années après le desséchement.

La cotisation des terres vaines et vagues depuis quinze ans qui sont mises en culture ne peut être augmentée pendant les dix premières années après le défrichement.

La cotisation des terres en friche depuis dix ans qui viennent à être plantées ou semées en bois, ne peut être augmentée pendant les trente premières années du semis ou de la plantation.

La cotisation des terres vaines et vagues ou en friche depuis quinze ans qui viennent à être plantées en vignes, mûriers ou autres arbres fruitiers, ne peut être augmentée pendant les vingt premières années de la plantation.

Le revenu imposable des terrains déjà en valeur qui viennent à être plantés en vignes, mûriers ou autres arbres fruitiers, ne peut être évalué, pendant les quinze premières années de la plantation, qu'au taux de celui des terres d'égale valeur non plantées.

Le revenu imposable des terrains en valeur qui viennent à être plantés ou semés en bois, n'est évalué, pendant les trente premières années de la plantation ou du semis, qu'au quart de celui des terres d'égale valeur non plantées.

Les semis et plantations de bois sur le sommet et le penchant des montagnes, sur les dunes et dans les landes, sont exempts de tout impôt pendant trente ans.

Déclarations exigées par la loi. — Pour jouir de ces divers avantages, et à peine d'en être privé, le propriétaire est tenu de faire, à la sous-préfecture de l'arrondissement dans lequel les biens sont situés, avant de commencer les dessèchements, défrichements et autres améliorations, une déclaration détaillée des terrains qu'il veut ainsi améliorer.

Dans les dix jours qui suivent la déclaration, le sous-préfet charge le maire ou son adjoint, ou bien un conseiller municipal dans les communes de cinq mille habitants et au-dessus, d'appeler deux répartiteurs, de faire avec eux la visite des terrains déclarés, de dresser procès-verbal de leur état présent, et de le communiquer, ainsi que la déclaration, aux autres répartiteurs. Ce procès-verbal est affiché pendant vingt jours, et chacun a le droit de contester la déclaration ou de faire des observations sur le procès-verbal de l'état présent des terrains.

PERTES DE REVENU PAR SUITE D'ÉVÉNEMENTS EXTRAORDINAIRES.

Lorsque, par suite d'événements extraordinaires, tels que gelée, grêle, inondation, incendie, etc., un propriétaire perd, en totalité ou en partie, le revenu d'une propriété bâtie ou non bâtie, il peut former une demande en remise ou modération pour l'exercice pendant lequel l'événement a eu lieu.

Pertes collectives. — Lorsque les pertes ont frappé une partie notable du territoire de la commune, la demande peut être collective et formée par le maire au nom des contribuables.

Le sous-préfet nomme deux experts pour vérifier, en présence du maire et conjointement avec le contrôleur des contributions directes, les faits et la quotité des pertes.

Au sujet des réclamations collectives, nous ferons remarquer : 1° qu'il n'y a pas lieu de constater les pertes minimes qui ne dépassent point celles que l'ordre ordinaire des choses peut amener dans les récoltes ou occasionner dans la valeur des propriétés ; 2° que les demandes de l'espèce sont des demandes eu remise ou modération ; que dès lors c'est par humanité et bienfaisance que le gouvernement vient en aide aux perdants, et que la quotité de l'allégement est nécessairement subordonnée au *fonds de non-valeurs* destiné à y pourvoir.

Fonds de non-valeurs. — Le fonds de non-valeurs est une somme prélevée sur le produit des centimes additionnels et attribuée au ministre des finances et au ministre de l'agriculture pour pourvoir à certaines éventualités, et notamment pour accorder des remises d'impôt et des secours aux contribuables malheureux, en cas d'incendie, d'inondation et autres événements fortuits.

MUTATIONS FONCIÈRES.

Toutes les fois que l'on acquiert ou que l'on cesse d'avoir la jouissance d'une propriété foncière par suite de vente, échange, donation, partage, décès, mariage, cessation d'usufruit ou expiration de bail emphytéotique, il y a lieu de faire opérer la mutation de cette propriété sur les matrices de rôles.

Les mutations sont opérées à *la diligence des parties intéressées.*

Le déclarant d'une mutation doit présenter l'acte de vente ou de partage, ou le titre quelconque en vertu duquel il demande la mutation. A défaut de présentation de l'acte, les deux parties (l'ancien et le nouveau propriétaire) sont obligées d'affirmer la réalité de la mutation et de signer leur déclaration.

Nous ne saurions trop recommander aux parties de suivre avec soin et assiduité le mouvement de leurs propriétés que les événements ou les transactions font varier à chaque instant.

Que l'on soit vendeur on acquéreur, on a tout intérêt à faire opérer régulièrement les mutations. D'abord, parce qu'une transaction récente permet mieux de reconnaître les propriétés objet de la mutation ; ensuite, si l'on est vendeur, comme on demeure responsable de l'impôt tant que la mutation n'est pas effectuée, on ne s'expose pas à avancer l'impôt pour un acquéreur qui peut devenir insolvable ; et si, au contraire, on est acquéreur, on ne court pas risque de se voir obligé à un remboursement inattendu d'impôts accumulés, et relativement onéreux.

CONTRIBUTION DES PORTES ET FENÊTRES.

La contribution des portes et fenêtres a pour but d'atteindre la fortune des contribuables en la présumant d'après l'étendue des locaux qu'ils occupent tant pour leur habitation personnelle que pour leur industrie, étendue dont les signes extérieurs sont les ouvertures qui servent à éclairer ces locaux.

L'article 24 de la loi du 21 avril 1832 est ainsi conçu :

« A partir du 1er janvier 1832, la contribution des
» portes et fenêtres sera établie par voie de réparti-
» tion entre les départements, les arrondissements,
» les communes et les contribuables, conformément
» au tarif ci-après, sauf les modifications propor-

» tionnelles qu'il sera nécessaire de lui faire subir
» pour remplir les contingents.

» Dans les villes et communes au-dessus de cinq
» mille âmes, la taxe correspondant au chiffre de
» leur population ne s'appliquera qu'aux habitations
» comprises dans les limites intérieures de l'octroi.
» Les habitations dépendantes de la banlieue seront
» portées dans la classe des communes rurales. »

TARIF DE LA LOI DU 21 AVRIL 1832 (1).

POPULATION des VILLES ET COMMUNES.	POUR LES MAISONS à					POUR LES MAISONS à 6 ouvertures et au-dessus.		
	1 ouverture.	2 ouvertures.	3 ouvertures.	4 ouvertures.	5 ouvertures.	Portes cochères, charretières et de magasins.	Portes ordinaires et fenêtres de rez-de-chaussée, de l'entresol, des 1er et 2e étages.	Fenêtres du 3e étage et des étages supérieurs.
Au-dessous de 5,000 âmes.	» 30	» 45	» 90	1 60	2 50	1 60	» 60	» 60
De 5,000 à 10,000.. . . .	» 40	» 60	1 35	2 20	3 25	3 50	» 75	» 75
De 10,000 à 25,000. . . .	» 50	» 80	1 80	2 80	4 »	7 40	» 90	» 75
De 25,000 à 50,000. . . .	» C0	1 »	2 70	4 »	5 50	11 20	1 20	» 75
De 50,000 à 100,000.. . .	» 80	1 20	3 60	5 20	7 »	15 »	1 50	» 75
Au-dessus de 100,000. . .	1 »	1 50	4 50	6 40	8 50	18 80	1 80	» 75

(1) Les villes de Paris, Lyon, Bordeaux, etc., sont autorisées à établir, pour la répartition de leurs contingents dans la contribution des portes et fenêtres, un tarif spécial combiné de manière à tenir compte à la fois de la valeur locative des maisons et usines et du nombre des ouvertures.

Ce tarif comprend deux parties : la première concerne les maisons à cinq ouvertures et au-dessous; la seconde, les maisons à six ouvertures et au-dessus.

La contribution des portes et fenêtres étant un impôt de répartition, le tarif légal est susceptible d'une *augmentation* ou d'une *diminution*, suivant que le produit de ce tarif appliqué aux ouvertures d'une commune est *inférieur* ou *supérieur* au contingent assigné à la commune.

Si, par exemple, en appliquant le tarif à toutes les catégories de portes et fenêtres d'une commune, on trouvait 6,000 francs et que le contingent de la commune fût de 8,000 francs, le tarif légal se trouverait alors trop faible d'un quart; et il faudrait, pour remplir le contingent, augmenter dans la même proportion la taxe de chaque catégorie de portes et fenêtres. On aurait recours à l'opération inverse si le tarif légal donnait un produit de 8,000 francs et que le contingent de la commune ne fût que de 6,000 francs.

Le tarif de l'impôt des portes et fenêtres sauvegarde l'intérêt des petits propriétaires. En effet, la première partie du tarif, qui a pour objet les maisons de une à cinq ouvertures inclusivement, présente un impôt moins élevé que pour les maisons ayant plus de cinq ouvertures.

De plus, la porte cochère, qui paie environ trois fois plus d'impôt que la porte ordinaire, n'est recensée comme telle qu'autant qu'une maison comporte plus de cinq ouvertures ordinaires.

OUVERTURES IMPOSABLES.

Toutes les portes et fenêtres donnant sur les rues,

1.

cours, jardins, champs, etc., quelles que soient leur forme et leur dimension, pourvu qu'elles soient closes par des grilles, claires-voies, des croisées, de simples volets, des châssis dormants ou mobiles, qu'elles soient vitrées ou garnies avec du canevas, de la toile, du papier, etc., et qu'elles donnent accès, jour ou air aux maisons destinées à l'habitation, au commerce ou à l'industrie, sont imposables.

Cas particuliers. — Sont également passibles de l'impôt :

Les ouvertures donnant sur une galerie extérieure non clôturée ;

Les ouvertures donnant sur un passage public, alors même que ce passage est clôturé à ses extrémités ;

Les portes des parcs, jardins, clos et cours attenant à des bâtiments d'habitation ;

La porte d'une grange, d'un hangar ou de tout autre bâtiment rural, ouvrant sur la voie publique et donnant seule accès à l'habitation ;

Les portes qui ouvrent sur des enclos renfermant des habitations, magasins, chantiers, etc. ;

Toutes les clôtures donnant accès à l'habitation, quelles que soient leurs formes et leurs dimensions. qu'elles soient pleines, à claire-voie, en fer, en grillage, plus ou moins élevées, montées en fer, en pierre, en bois, avec de simples poteaux ou traverses, dès qu'elles sont placées à l'extérieur des cours, bâtiments et clos ;

Les ouvertures des bains et moulins flottants sur rivières.

La fenêtre qui éclaire à la fois deux locaux différents est imposable pour deux ouvertures.

Pour les devantures et vitrages des ateliers et des boutiques, on compte *trois* ouvertures quand la porte d'entrée est au milieu, et *deux* seulement si la porte est sur le côté.

Lorsque les ouvertures à droite et à gauche de la porte ne sont distinctes de cette porte que par un mur à hauteur d'appui, on ne doit compter qu'une seule ouverture.

Pour une façade entièrement vitrée, on compte autant d'ouvertures qu'il existe de séparations solides, en fer, en pierre ou en bois.

Ouvertures ordinaires. — Parmi toutes les ouvertures imposables, le législateur n'a distingué que les portes cochères, charretières et de magasins. Quant aux autres ouvertures, il a bien cherché à proportionner autant que possible la taxe à l'importance des bâtiments, mais il n'a pas voulu tenir compte de la forme non plus que de la dimension de ces ouvertures, et cela dans un but équitable et humanitaire.

En effet, si la loi consacrait une imposition variable et décroissante suivant la dimension des ouvertures, il en résulterait d'abord une difficulté presque insurmontable dans le recensement de la grandeur de ces ouvertures ; de plus, on verrait une foule de constructeurs qui, pour alléger leurs charges contributives, pratiqueraient dans leurs maisons de petites ouvertures à peine suffisantes pour donner un peu de jour ; ils ne feraient plus de ces ouvertures spacieuses qui répandent la lumière et la salubrité dans les habitations, et lésineraient ainsi avec l'impôt aux dépens de leur santé et de celle des locataires.

Portes cochères, charretières et de magasins. — Sont imposables comme *portes cochères* toutes les portes qui, pouvant livrer passage à une voiture, donnent accès aux maisons d'habitation, magasins, usines, hangars, lors même qu'elles ne servent qu'au passage des voitures appelées carrioles, tombereaux ou charrettes.

On ne doit pas considérer comme des portes cochères celles qui, ayant la largeur convenable, ne peuvent cependant servir au passage des voitures, parce qu'elles sont élevées au-dessus du sol par un ou plusieurs degrés, obstruées par des plantations, ou qu'elles servent d'entrée à un vestibule sous lequel il serait impossible de placer une voiture.

Portes ordinaires imposables comme portes cochères. — Sont imposables comme portes cochères :

1° Les portes d'entrée des maisons *entièrement* occupées par des banquiers, agents de change, négociants et marchands en gros, commissionnaires ou courtiers de marchandises ;

2° La porte principale des magasins occupés par les patentables ci-dessus désignés, lorsque ces magasins sont situés au rez-de-chaussée et que la porte donne sur la voie publique ou sur la cour.

Portes cochères dans les exploitations rurales. — Lorsque, dans une ferme, métairie ou toute autre exploitation rurale, il existe plusieurs portes cochères ou charretières, une *seule* doit être imposée comme telle ; les autres sont taxées comme portes ordinaires.

Portes cochères des magasins. — Les portes cochères des magasins sont imposables comme telles, lors même que le magasin aurait moins de six ouvertures.

Portes communes à plusieurs propriétaires. — Lorsqu'une porte, cochère ou ordinaire, est commune à plusieurs maisons appartenant à différents propriétaires, la taxe afférente à cette porte se répartit entre chacun des propriétaires proportionnellement à la contribution foncière établie sur lesdites maisons.

Si une porte, cochère ou ordinaire, est commune à plusieurs propriétaires et qu'elle ne serve à l'un d'eux que pour arriver à des bâtiments exempts de l'impôt des portes et fenêtres, elle n'est imposable qu'aux noms des propriétaires des habitations.

OUVERTURES NON IMPOSABLES.

Ne sont pas imposables les ouvertures des bâtiments ruraux, des bâtiments employés à un service public civil, religieux, militaire ou d'instruction, celles qui servent à éclairer ou à aérer les granges, bergeries, étables, greniers, caves et autres locaux non destinés à l'habitation des hommes.

Bâtiments publics. — Les bâtiments publics ne sont pas imposables; mais les fonctionnaires, les ecclésiastiques, les employés civils ou militaires, logés gratuitement dans les bâtiments appartenant à l'Etat, aux départements, aux arrondissements, aux communes ou aux hospices, doivent être imposés *nominativement* à la contribution des portes et fenêtres pour les ouvertures des portions de ces bâtiments servant soit à leur habitation personnelle, soit à la représentation.

Bâtiments ruraux. — Les bâtiments ruraux sont exempts ; mais l'impôt est dû pour les maisons ou portions de maison affectées temporairement à serrer des récoltes ou des produits agricoles.

Pour qu'une maison puisse être considérée comme bâtiment rural, il faut, en général, que les cheminées soient détruites et les plafonds abattus,

Manufactures. — On entend par manufacture un établissement réunissant un grand nombre d'ouvriers, dans lequel les matières premières ne changent pas de nature et ne reçoivent d'accroissement de valeur que par le travail de l'homme ou des machines qu'il conduit ; tels sont : les filatures, les grands ateliers de tissage de toiles, de draps, de soie, etc.

En exemptant de l'impôt des portes et fenêtres ces établissements qui renferment un grand nombre d'ouvriers, le législateur avait en vue l'intérêt des masses et l'hygiène publique. En effet, il faut beaucoup d'air et de lumière dans ces ateliers, tant pour y entretenir la salubrité que pour ne point fatiguer la vue des ouvriers ; et l'on comprend que ces conditions essentielles auraient pu manquer, si la loi ne consacrait pas une immunité qui permet aux industriels de favoriser le bien-être des gens qu'ils emploient.

Cas particuliers. — Ne sont pas imposables :
Les ouvertures des *greniers*, à moins qu'ils ne servent de magasins pour le commerce ;

Les ouvertures des *pressoirs* où l'on ne travaille pas pour le public ;

Les ouvertures des *caves*, à moins qu'elles ne servent d'habitation, de magasin, de cuisine, de laboratoire, de cabaret, etc. ;

Les ouvertures des *combles* ou *toitures*, à moins qu'elles n'éclairent des locaux habitables ;

Les *œils-de-bœuf*, s'ils n'éclairent pas des pièces habitables ;

Les vitrages placés au-dessus des portes ;

Les portes et fenêtres des monts-de-piété ;

Les *portes* donnant sur une galerie clôturée : la porte de la galerie seule est imposable ;

Les *portes* donnant sur des galeries qui n'ont pas d'issues extérieures ;

Les portes et fenêtres des maisons particulières louées pour un service public, à moins que le bail ne laisse à la charge du propriétaire l'impôt des portes et fenêtres. Toutefois, les occupants sont imposables pour les ouvertures de leur habitation personnelle.

Quant aux ouvertures des locaux consacrés au service public, l'administration en fait d'office la radiation temporaire.

DU PAIEMENT DE LA CONTRIBUTION DES PORTES ET FENÊTRES PAR LES LOCATAIRES.

La contribution des portes et fenêtres est exigible contre les propriétaires et usufruitiers, fermiers et locataires principaux des maisons, usines et bâtiments imposables, sauf leur recours contre les locataires particuliers qui doivent acquitter l'impôt afférent aux ouvertures des appartements qu'ils tiennent à loyer, à moins que la disposition contraire n'en soit exprimée dans le bail.

Toutefois, les ouvertures qui sont communes à plusieurs locataires, telles que la porte d'entrée, les fenêtres du pallier ou de l'escalier restent à la charge du propriétaire ou usufruitier. S'il y a un principal locataire, le propriétaire lui retiendra toute la taxe ; et le principal locataire, retenant à chacun des sous-locataires sa portion contributive, aura à sa charge les portes et fenêtres d'un usage commun.

VACANCES DE MAISONS ET CHÔMAGES D'USINES.

En cas de vacances de maisons ou chômages d'usines et en cas de démolition, on peut obtenir, comme pour la contribution foncière, des remises ou modérations d'impôt.

CONSTRUCTIONS NOUVELLES.

La contribution des portes et fenêtres étant une charge purement locative ne peut être assimilée à la contribution foncière, qui est une charge de la propriété. Il en résulte que l'exemption temporaire d'impôt accordée aux bâtiments nouvellement construits ou reconstruits ne concerne que la contribution foncière et ne s'étend pas à la contribution des portes et fenêtres. Les ouvertures desdits bâtiments sont imposables pour l'année qui suit celle où ils sont habitables.

ANNUALITÉ DE L'IMPÔT DES PORTES ET FENÊTRES.

La contribution des portes et fenêtres, régulière-

ment établie au 1er janvier, est due pour l'*année
entière.* En conséquence, le contribuable qui supprime
des ouvertures dans le courant de l'année n'a droit à
aucune réduction.

CONTRIBUTION PERSONNELLE ET MOBILIÈRE.

La contribution *personnelle et mobilière* comprend
deux taxes : la *taxe personnelle* et la *taxe mobilière.*

TAXE PERSONNELLE.

La taxe personnelle se compose de la valeur de
trois journées de travail, dont le prix moyen est
déterminé par le Conseil général ; elle est égale pour
tous les individus imposables d'une même commune et n'est imposée qu'en principal seulement.

Par qui est due la taxe personnelle. — *La
taxe personnelle est due par chaque habitant, français
ou étranger, de tout âge et de tout sexe, jouissant de ses
droits et non réputé indigent.*
Sont considérés comme jouissant de leurs droits :
les veuves et les femmes séparées de leurs maris, les
garçons et les filles *majeurs* ou *mineurs* ayant des
moyens suffisants d'existence, soit par leur fortune
personnelle, soit par la profession qu'ils exercent,
lors même qu'ils habitent avec leur père, mère, tuteur
ou curateur.
On voit qu'en vertu de ces dispositions, tous les
mineurs indistinctement, qu'ils aient ou non atteint

l'âge de dix-huit ans, en un mot quel que soit leur âge, sont imposables à la cote personnelle du moment qu'ils ont, soit par la profession qu'ils exercent, soit par la fortune de leur père ou de leur mère décédés, des moyens suffisants d'existence.

Les parents qui se sont démis de leurs biens en faveur de leurs enfants sont néanmoins imposables à la contribution personnelle, car ils ne cèdent leur avoir que sous condition d'une pension en argent ou en nature, et ne peuvent dès lors être considérés comme indigents.

Domestiques. — Les domestiques à gages, quand ils sont nourris et logés chez leurs maîtres, et exclusivement consacrés au service de la personne, du ménage ou de l'exploitation rurale, ne sont pas imposables à la contribution personnelle et mobilière. Mais ils sont imposables à l'une et à l'autre contribution s'ils ont en *propriété* ou en *location* une habitation particulière pour eux ou pour leur famille.

Employés à divers titres. — Sont imposables à la cote personnelle : les précepteurs, les dames de compagnie, les hommes d'affaires, les commis salariés, les concierges, les gardes particuliers, et, en général, les employés qui, quoique logés, nourris et à gages, ne peuvent cependant pas être considérés comme en état de domesticité.

Lieu où est due la taxe personnelle. — La taxe personnelle n'est due que dans la commune du *domicile réel.* En principe, on considère comme domicile réel la commune où l'on demeure *effective-*

ment, c'est-à-dire où l'on a son ménage ou sa principale habitation.

CONTRIBUTION MOBILIÈRE.

Base de la contribution mobilière. — La contribution mobilière a pour base l'importance des locaux que chaque contribuable occupe, à titre gratuit ou onéreux, pour son habitation personnelle, c'est-à-dire déduction faite des locaux affectés au commerce, à l'industrie ou à l'agriculture.

Lieu où est due la contribution mobilière. — Nous venons de voir que la taxe personnelle n'est due que dans la commune du domicile réel, mais la contribution mobilière est due pour toute habitation meublée située soit dans la commune du domicile réel, soit dans toute autre commune. Elle est due, en conséquence, partout où le contribuable possède une habitation meublée, lors même qu'il ne l'occuperait pas et se bornerait à la tenir en réserve et à sa disposition.

Assiette de la contribution mobilière. — Pour établir les cotes mobilières, on assigne à chaque habitation une valeur locative ; cette valeur locative ne représente pas toujours le loyer réel de l'habitation, elle peut s'en écarter plus ou moins ; il suffit que les différentes valeurs locatives soient respectivement proportionnelles aux loyers des habitations auxquelles elles s'appliquent ; c'est-à-dire que si, par exemple, on assigne à une habitation une valeur locative de 10 fr. pour base de la contribution mobilière, on fixera à 20 fr. la base d'une autre habitation qui vaudrait le double de la première, et ainsi de suite.

En réduisant de 20 fr. à 10 fr. le loyer d'un contribuable, on réduit par le fait même sa contribution mobilière de moitié ; mais si l'on réduisait de moitié toutes les bases d'une commune, il n'y aurait de réduction pour personne. Ainsi, que les valeurs locatives matricielles représentent la moitié, le tiers, le quart des loyers réels, les quotes-parts individuelles n'en subissent aucune modification, puisque l'égalité proportionnelle est toujours maintenue, et que le centime-le-franc (l'impôt afférent à 1 franc de base), augmente quand la base diminue, et réciproquement.

La contribution mobilière, bien qu'elle soit appelée *mobilière*, n'est nullement déterminée par la valeur du mobilier qui garnit le logement des contribuables, mais *seulement* par la valeur locative de l'habitation considérée comme non meublée.

Pour qu'un logement soit imposable, il faut qu'il soit meublé ; mais, en évaluant la valeur locative destinée à servir de base à la contribution mobilière, on ne doit pas tenir compte de l'ameublement.

Les habitants qui n'occupent que des appartements garnis ne sont assujétis à la contribution mobilière qu'à raison de la valeur locative de leur logement, évalué comme un logement non meublé.

Remises, écuries, hangars, etc. — On doit comprendre dans le loyer des habitations les écuries, remises, hangars, cours d'honneur, serres et orangeries, et autres bâtiments qui en dépendent, à moins que ces bâtiments ne fassent partie d'une exploitation rurale, ou qu'ils ne soient nécessaires aux contribuables pour l'exercice de leurs professions ou de leurs fonctions. Par exemple, on ne tiendrait pas compte de ces locaux pour imposer les cultivateurs, les aubergistes, les entrepreneurs de diligences ou de relais; mais on en tiendrait compte pour imposer les rentiers, avocats, notaires, médecins, avoués, etc.

Etudes et cabinets de travail. — On doit considérer comme consacrées à l'habitation personnelle les pièces servant de cabinets de travail ou d'étude aux avocats, notaires, médecins, avoués, huissiers et à tous ceux qui exercent des professions libérales, à moins que ces pièces ne soient complétement séparées de l'habitation personnelle.

Devoirs des répartiteurs. — Dans l'établissement des cotes personnelles et mobilières, les répartiteurs ne doivent pas perdre de vue que le contingent assigné à une commune constitue envers l'Etat une dette indivise, dont chaque contribuable doit payer une part proportionnelle ; et que, s'ils attribuent à un habitant imposable une cote plus faible que celle qu'il doit réellement, ou qu'ils exemptent même cet habitant de toute contribution, l'impôt afférent à cette atténuation ou à cette exemption retombe nécessairement sur les autres contribuables : de telle sorte qu'ils ne peuvent accorder une faveur aux uns sans commettre une injustice envers tous les autres.

La faculté donnée par la loi aux répartiteurs, de régler les loyers d'habitation, de ménager les contribuables peu aisés et même d'exempter les indigents de toute imposition, ne peut pas aller jusqu'à les autoriser à graduer les loyers en raison de la fortune présumée des imposables. Ainsi, un habitant qui a, par exemple, 6000 fr. de revenu, et qui prend le logement qu'occupait un particulier n'ayant que 2000 fr. de revenu, ne doit pas être imposé à une cote mobilière plus forte que celle de son prédécesseur, sous prétexte qu'il est plus riche. On ne doit absolument tenir compte que du logement. Toute tendance contraire entraînerait des exigences inquisitoriales en opposition avec nos mœurs et incompatibles avec la dignité des fonctions de répartiteurs, et de plus aurait pour effet immédiat de substituer aux prescriptions légales de vagues appréciations abandonnées à l'arbitraire.

En résumé, et sauf à faire fléchir la règle commune devant les exigences impérieuses de l'humanité, un logement pour la fixation de la cote *mobilière* (qu'on pourrait appeler plus exactement *cote d'habitation*), doit être évalué comme vide de meubles, et en écartant toute espèce de considération relative aux facultés présumées des contribuables. C'est le mode de répartition le plus simple et le seul qui soit légal.

Habitants peu aisés ou indigents. — Les répartiteurs ont le droit de n'imposer qu'à la cote personnelle, en les exemptant de la cote mobilière, les habitants qu'ils regardent comme peu aisés.

Les indigents sont exempts de toute cotisation. On doit donner au terme générique d'indigents un sens large et comprendre dans cette catégorie les personnes qui ne possèdent rien et qui ne gagnent que l'argent strictement nécessaire pour subvenir aux besoins de leur existence et de celle de leur famille.

Villes ayant un octroi. — Les villes ayant un octroi peuvent, sur la demande des conseils municipaux, et après l'approbation du gouvernement, prélever sur leurs caisses leur contingent personnel et mobilier en totalité ou seulement en partie, à la charge, dans ce dernier cas, de répartir la somme qui restera à recouvrer, soit au centime-le-franc des loyers d'habitation, soit d'après un tarif gradué en raison de la progression ascendante des loyers et avec la faculté d'exonérer de la cotisation les loyers qui n'atteignent pas un chiffre déterminé. Ces dispositions des lois des 21 avril 1832 et 3 juillet 1846 sont tout en faveur de la population ouvrière et des classes les moins aisées.

Annualité de l'impôt personnel et mobilier. — La contribution personnelle et mobilière, régulièrement établie au 1er janvier, est due pour l'année entière.

En conséquence, lorsqu'un contribuable vient à décéder dans le courant de l'année, ses héritiers sont tenus d'acquitter le montant intégral de sa cote.

Lorsque le décès d'un contribuable est antérieur au 1er janvier de l'année à laquelle se rapporte le rôle, ses héritiers ou ayant cause sont fondés à demander la décharge de sa cote. Toutefois, la veuve ou les héritiers d'un individu décédé et imposé à la contribution mobilière pour l'année qui a suivi son décès ne sont point fondés à demander la décharge de cette contribution lorsque le logement qu'occupait le défunt est resté, ne fût-ce que pendant une partie de l'année, occupé par les héritiers, ou seulement garni de meubles pour leur compte. Dans ce cas, il n'y a lieu à décharge que pour la cote personnelle.

Changement de résidence. — Lorsque, par suite d'un changement de domicile avant le 1er janvier, un contribuable se trouve imposé dans deux communes, quoique n'ayant qu'une seule habitation, il ne doit la contribution que dans la commune de sa nouvelle résidence.

Un contribuable qui quitte une commune avant le 1er janvier, mais *après l'époque du travail des mutations* dans cette commune, est tenu de payer la contribution personnelle et mobilière à laquelle il a été imposé au lieu de son ancien domicile, s'il ne justifie pas de son *imposition nominative* dans sa nouvelle résidence.

Si, cependant, il n'a pas conservé d'habitation meublée dans la commune de son ancien domicile et qu'il n'ait pas d'habitation propre dans le lieu de sa nouvelle résidence, il peut obtenir décharge de la cote mobilière imposée sur son ancienne habitation.

CONTRIBUTION DES PATENTES.

La contribution des patentes est due par tout individu, Français ou étranger, qui exerce en France un commerce, une industrie ou une profession, non compris dans les exceptions déterminées par la loi.

La contribution des patentes se compose, selon les cas :

D'un droit fixe et d'un droit proportionnel ;

D'un droit fixe seulement ;

D'un droit proportionnel seulement.

Le droit fixe et le droit proportionnel ont chacun

une base particulière, un caractère et des règles propres.

DROIT FIXE.

Le droit fixe est réglé par un tarif qui comprend trois tableaux : tableaux A, B et C.

Le tableau A concerne les commerçants ordinaires et les ouvriers qui occupent des compagnons ou apprentis ; ces patentables sont imposés eu égard à la population, et distribués en huit classes dont chacune comporte huit droits fixes différents.

Dans le tableau B sont rangés les gros commerçants qu'on impose aussi eu égard à la population, mais d'après un tarif exceptionnel.

Le tableau C contient tous les établissements industriels ; ceux qui les exploitent sont imposés, sans égard à la population, à un droit fixe qui varie suivant les moyens de production, l'importance des entreprises, le nombre des ouvriers ou des machines, etc.

Il existe un quatrième tableau, dénommé tableau D ; il comprend les professions libérales, que la loi n'impose qu'au *droit proportionnel ;* nous en parlerons un peu plus loin.

Les trois tableaux, se rapportant au droit fixe, ont leur raison d'être dans la nature même des industries, commerces et professions.

Chacun sait que certaines industries acquièrent plus ou moins d'importance, suivant que les localités où elles sont exercées renferment une population plus ou moins nombreuse. Ainsi, les commerçants qui ouvrent leurs boutiques ou magasins dans des bourgs, ou même dans des hameaux, ont moins de chance d'avoir des acheteurs, et conséquemment moins de probabilité de réaliser des bénéfices, que ceux qui mettent leurs marchandises en vente dans les grands centres de population. Il est donc de toute justice que les patentables compris dans les tableaux A et B paient un droit fixe suivant les chiffres de population des communes où ils exercent leurs professions.

Mais il existe, au contraire, des industries qui prospèrent avec autant d'avantage dans des lieux écartés que dans des villes populeuses ; telle est, par exemple, l'exploitation des usines, manufactures et autres grands établissements ; les industriels de ce genre ne vendent pas leurs produits à des consommateurs locaux ; ce n'est donc pas la population du lieu de leur résidence qui peut donner la mesure de leurs profits, et c'est avec raison qu'on les impose au droit fixe sans égard à la population. Il en est de même des armateurs, fournisseurs de troupes, entrepreneurs de transport par terre ou par eau, marchands forains, etc., etc. Toutes ces professions et industries, comprises dans le tableau C, s'imposent au droit fixe d'après leurs moyens de production, que l'on reconnaît par des signes indicateurs facilement appréciables.

Ainsi la loi varie le droit :

Pour les filateurs, d'après le nombre de broches et d'assortiments de machines à peigner ou à carder la laine ;

Pour les moulins ou autres usines à moudre, battre, triturer, broyer, pulvériser, presser, d'après le nombre des paires de meules ou de cylindres, d'après le nombre des presses ou de pilons ;

Pour les tanneries, d'après la capacité des fosses et cuves ;

Pour certaines manufactures, d'après le nombre des ouvriers, etc., etc.

Etablissements multiples. — Le patentable qui a plusieurs établissements, boutiques ou magasins de même espèce ou d'espèces différentes, est, quelle que soit sa classe ou sa catégorie comme patentable, imposable au droit fixe entier pour l'établissement, la boutique ou le magasin donnant lieu au *droit fixe le plus élevé* soit en raison de la population, soit en raison de la nature du commerce, de l'industrie ou de la profession.

Il est en outre imposable pour chacun des autres établissements, boutiques ou magasins, à *la moitié du droit fixe* afférent au commerce, à l'industrie ou à la profession qui y est exercée.

Le patentable qui cumule dans un même établissement (et non dans des locaux distincts) plusieurs commerces, professions ou industries, ne peut être assujéti qu'à un seul droit fixe.

On voit donc que les demi-droits fixes additionnels doivent être imposés non en raison de la pluralité des professions, mais en raison de la pluralité des établissements distincts.

On doit entendre par *établissements distincts*, au point de vue de la patente, les établissements, boutiques ou magasins, qui n'ont pas entre eux de communications intérieures, — ceux auxquels sont affectés des préposés spéciaux, — et généralement tous les locaux dans lesquels s'exercent des commerces, professions ou industries, qui n'ont aucune espèce d'analogie.

Les ateliers où l'on fabrique des marchandises qui doivent être vendues ailleurs, ainsi que les chantiers ou magasins de dépôt, ne sont pas passibles d'un demi-droit fixe, mais ils supportent un droit proportionnel comme dépendances de l'établissement principal.

Les droits fixes et les demi-droits fixes sont imposables dans les communes où sont situés les établissements, boutiques ou magasins qui y donnent lieu.

DROIT PROPORTIONNEL.

Taux du droit proportionnel. — Le droit proportionnel est fixé au vingtième de la valeur locative pour toutes les professions imposables, sauf les exceptions énumérées au tableau D. Ces exceptions sont fondées sur la justice. Ainsi, le taux du droit proportionnel est élevé au quinzième pour les banquiers, les escompteurs, les négociants, marchands en gros, commissionnaires courtiers, adjudicataires de travaux publics, marchands forains, etc., etc., parce que ceux qui exercent ces professions peuvent sans inconvénient avoir leurs habitations, magasins, bureaux, etc., dans des lieux retirés, et que leurs loyers sont comparativement plus faibles que ceux des marchands en détail, et des artisans, qui sont obligés de s'établir dans des locaux situés sur la voie publique et dans les rues les plus fréquentées.

La loi réduit, au contraire, au vingt-cinquième, trentième, quarantième et cinquantième le taux du droit proportionnel pour certaines professions qui ne peuvent s'exercer que dans des locaux d'une dimension exceptionnelle, extrèmement multipliés, et d'une valeur locative considérable ; et l'on conçoit que l'imposition de ces locaux, sur le taux du vingtième, constituerait un impôt par trop onéreux, eu égard à l'importance probable des profits.

Base du droit proportionnel. — Le droit proportionnel est établi sur la valeur locative tant de la maison d'habitation que des magasins, boutiques, usines, ateliers, hangars, remises, chantiers et autres locaux servant à l'exercice des professions imposables. Il est dû, lors même que le logement et les locaux sont occupés à titre gratuit.

La valeur locative est déterminée soit au moyen de baux authentiques, soit par comparaison avec d'autres locaux dont le loyer a été régulièrement constaté ou est notoirement connu, et, à défaut de ces bases, par voie d'appréciation.

Le droit proportionnel pour les usines et les établissements industriels est calculé sur la valeur locative de ces établissements, pris dans leur ensemble, et munis de tous leurs moyens matériels de production, c'est-à-dire prêts à marcher.

On doit donc comprendre dans la valeur locative de ces établissements la valeur locative de l'outillage qu'ils renferment et celle de la force motrice, c'est-à-dire des cours d'eau, des machines à vapeur, des manéges et de tous leurs accessoires.

Le droit proportionnel est payé dans *toutes les communes* où sont situés les magasins, boutiques, usines, ateliers, hangars, remises, chantiers et autres locaux servant à l'exercice des professions imposables.

Patentables passibles de divers droits pro-

portionnels. — Le patentable qui exerce dans un même local ou dans des locaux non distincts plusieurs industries ou professions passibles d'un droit proportionnel différent paie ce droit d'après le taux applicable à la profession pour laquelle il est assujéti au droit fixe.

Dans le cas où les locaux sont distincts, il ne paie, pour chaque local, que le droit proportionnel attribué à l'industrie ou à la profession qui y est spécialement exercée.

Combinaison du droit fixe et du droit proportionnel. — La combinaison du droit fixe et du droit proportionnel est d'un puissant secours pour atteindre plus exactement les facultés contributives.

En effet, le droit fixe sans le droit proportionnel frapperait d'une taxe égale tous les patentables exerçant la même profession dans une même commune, quelle que soit d'ailleurs l'importance de leurs bénéfices ; et il ne serait pas juste que le marchand qui exerce son commerce dans un quartier fréquenté, où il réalise de grands profits, fût imposé comme celui qui, en exerçant le même commerce, végéterait dans une rue déserte et écartée.

D'un autre côté, le droit proportionnel sans le droit fixe produirait des effets non moins injustes ; car telle profession très-lucrative n'exige souvent qu'un local peu spacieux, tandis que telle autre industrie, dont les bénéfices sont restreints, ne peut s'exercer que dans de vastes locaux.

La réunion des deux droits, — fixe et proportionnel, — est donc pour ainsi dire indispensable, et l'on voit que l'un est le correctif ou le pondérateur de l'autre.

Patentables passibles du droit fixe seulement, ou du droit proportionnel seulement.
— Toutes les patentes ne comportent pas nécessairement les deux droits dont il s'agit.

Ainsi, tous les patentables dont les professions sont comprises dans les 7e et 8e classes du tableau A (boutiquiers et artisans), ne paient que le droit fixe seulement dans les communes dont la population est inférieure à vingt mille âmes et dans les banlieues de ces dernières communes.

De plus, tous les patentables du tableau D (professions libérales : architectes, avocats, avoués, docteurs en médecine, notaires, vétérinaires, etc.), ne sont imposés qu'au droit proportionnel sur le taux du quinzième.

Lorsqu'un patentable exerce plusieurs professions dont quelques-unes ne sont pas passibles du droit proportionnel, la valeur locative des locaux où sont exercées ces dernières professions ne doit pas entrer dans la base du droit proportionnel, pourvu toutefois que les locaux dont il s'agit soient parfaitement distincts. Si les locaux ne sont pas distincts, le droit proportionnel porte sur la valeur locative totale.

DISPOSITIONS SPÉCIALES.

Lieu où la patente est due. — En principe, la patente est due dans la commune où est exercée la profession qui y donne lieu.

Le patentable dont les droits de patente varient suivant la population de la commune dans laquelle la profession est exercée et qui exerce sa profession alternativement soit dans le lieu de son domicile, soit dans d'autres communes, doit être soumis à la patente dans la commune qui donne lieu au droit fixe le plus élevé.

Patentables des villes de cinq mille âmes et au-dessus. — Dans les communes dont la population totale est de cinq mille âmes et au-dessus, les patentables exerçant dans la banlieue des professions imposées eu égard à la population paient le droit fixe d'après le tarif applicable à la population non agglomérée.

Les patentables exerçant lesdites professions dans la partie agglomérée paient le droit fixe d'après le tarif applicable à la population totale.

Associés. — Les patentes sont personnelles et ne peuvent servir qu'à ceux à qui elles sont délivrées. En conséquence, les associés en nom collectif sont tous assujétis à la patente, quelle que soit la manière dont la société soit formée, pourvu que son existence soit établie d'une manière suffisante.

Dans ce cas, l'associé principal, c'est-à-dire le premier en nom dans l'acte de société, s'il a la gestion des affaires, et, dans le cas contraire, celui qui a la plus forte mise de fonds, paie le droit fixe entier. Ce même droit fixe entier est divisé en autant de parts égales qu'il y a d'associés en nom collectif, et une de ces parts est imposée à chaque associé secondaire.

Dans les sociétés en nom collectif, le droit proportionnel est établi sur la maison d'habitation de l'associé principal et sur tous les locaux qui servent à la société pour l'exercice de son industrie.

Les sociétés ou compagnies anonymes ayant pour

but une entreprise industrielle ou commerciale sont imposées à un seul droit fixe, sous la désignation de l'objet de l'entreprise.

Mari et femme séparés de biens.

— Les mari et femme séparés de biens ne doivent qu'une patente, à moins qu'ils n'aient des établissements distincts, auquel cas chacun d'eux doit avoir sa patente et payer séparément les droits fixes et proportionnels.

Colporteurs ou marchands forains.

— Tout individu qui transporte des marchandises de commune en commune, alors même qu'il vendrait pour le compte de marchands ou fabricants, de son père, de son frère, doit avoir une *patente personnelle* qui est, selon les cas, celle de marchand forain avec balle, avec bête de somme ou avec voiture.

Le marchand forain est imposable à la patente au lieu de son domicile, alors même qu'il n'y exerce aucune profession. Néanmoins, un marchand forain qui a dans une autre commune que celle de son domicile le siége de son commerce, et qui occupe d'une manière permanente une maison affectée tant à son habitation personnelle qu'à l'entrepôt des marchandises qu'il colporte dans les communes, est imposable à la patente dans la commune du siége de sa profession, et non dans celle de son domicile.

Marchands sous échoppe ou en ambulance.

— Tous ceux qui vendent en ambulance des objets non compris dans les exceptions déterminées par la loi, et tous marchands sous échoppe ou en étalage sont passibles de la moitié des droits que paient les marchands qui vendent les mêmes objets en boutique. Toutefois, cette disposition n'est pas applicable aux bouchers, épiciers et autres marchands ayant un étal permanent ou occupant des places fixes dans les halles et marchés.

Annualité de l'impôt des patentes. — La contribution des patentes est due pour *l'année entière* par tous les individus exerçant au mois de janvier une profession imposable. En conséquence, le patentable qui vient à cesser dans le courant de l'année l'exercice de son commerce ou de sa profession n'a droit à aucun dégrèvement d'impôt. Il n'y a d'exception à cette règle que pour les *deux cas suivants :*

Décès ou faillite déclarée. — En cas de fermeture de magasins, boutiques et ateliers, par suite de décès ou de faillite déclarée, les droits ne sont dus que pour le passé et le mois courant. Sur la réclamation des parties intéressées, il est accordé décharge du surplus de la taxe.

Cession d'établissement. — En cas de cession d'établissement, la patente, sur la demande du cédant, est, *s'il y a lieu*, transférée à son successeur.

Le droit du cédant à être dégrevé n'est qu'un droit conditionnel, et qui devient *nul* si la cote ne peut être utilement inscrite au nom de son cessionnaire. Ce qui arriverait, par exemple, lorsque le cessionnaire serait déjà imposé à une patente égale ou supérieure à celle du cédant.

Patentes supplémentaires. — Ceux qui entreprennent, après le mois de janvier, une profession sujette à patente ne doivent la contribution qu'à partir du 1er du mois dans lequel ils ont commencé, à moins que, par sa nature, la profession ne puisse pas être exercée toute l'année. Dans ce cas, la contribution est due pour l'année entière, quelle que soit l'époque à laquelle la profession est entreprise.

Les patentés qui, dans le cours de l'année, entreprennent une profession d'une classe supérieure à celle qu'ils exerçaient d'abord, ou qui transportent leur établissement dans une commune d'une population plus forte, sont tenus de payer un supplément de droit fixe.

Il est également dû un supplément de droit proportionnel par les patentables qui prennent des maisons ou locaux d'une valeur supérieure à celle des maisons ou locaux pour lesquels ils ont été primitivement imposés, et par ceux qui entreprennent une profession passible d'un droit proportionnel plus élevé.

Les suppléments sont dus à partir du 1er du mois dans lequel les changements ont été opérés.

Exhibition de la patente. — Tout patentable est tenu d'exhiber sa patente lorsqu'il en est requis par les maires, adjoints, juges de paix et tous officiers ou agents de la police judiciaire.

Patentes délivrées par anticipation. — Les agents des contributions directes peuvent, sur la demande qui leur en est faite, délivrer des patentes avant l'émission du rôle, après toutefois que les requérants ont acquitté entre les mains du percepteur les douzièmes échus, s'il s'agit d'individus domiciliés dans le ressort de la perception, ou la totalité des droits, s'il s'agit de patentables dont la profession n'est pas exercée à demeure fixe ou d'individus étrangers au ressort de la perception.

Documents à fournir à l'appui des réclamations. — Les patentés qui réclament sont admis à justifier de leurs demandes par la représentation de journaux et de livres de commerce régulièrement tenus et par tout autre document.

Tout individu qui, se prétendant indûment imposé ou mal imposé, refuse de faire la justification qui peut lui être demandée par les agents des contributions directes, peut être considéré, par cela même, comme mal fondé dans sa réclamation.

EXEMPTIONS.

Ne sont pas assujétis à la patente :

1º Les fonctionnaires et employés salariés soit par l'Etat, soit par les administrations départementales ou communales, en ce qui concerne seulement l'exercice de leurs fonctions;

2º Les sages-femmes, à moins qu'elles ne prennent des pensionnaires, auquel cas elles seraient imposables comme tenant une maison d'accouchement;

3º Les peintres, sculpteurs, graveurs et dessinateurs considérés comme artistes et ne vendant que le produit de leur art;

4º Les professeurs de belles-lettres, sciences et arts d'agrément;

5° Les instituteurs primaires, à moins qu'ils ne soient en même temps maîtres de pension ;

6° Les éditeurs de feuilles périodiques ;

7° Les artistes dramatiques ;

8° Les laboureurs et cultivateurs, seulement pour la vente et la manipulation des récoltes et fruits provenant des terrains qu'ils exploitent, et pour le bétail qu'ils y élèvent, qu'ils y entretiennent ou qu'ils y engraissent ;

9° Les concessionnaires de mines, pour le seul fait de l'extraction et de la vente des matières par eux extraites ;

10° Les propriétaires ou fermiers de marais salants ;

11° Les propriétaires ou locataires louant *accidentellement* une partie de leur habitation personnelle ;

12° Les pêcheurs, même lorsque la barque qu'ils montent leur appartient (mais non les adjudicataires de pêche sur les fleuves, canaux et rivières) ;

13° Les associés en commandite, les caisses d'épargne et de prévoyance administrées gratuitement, les assurances mutuelles régulièrement autorisées ;

14° Les capitaines de navires de commerce ne naviguant pas pour leur compte ;

15° Les cantiniers attachés à l'armée ;

16° Les écrivains publics ;

17° Les commis et toutes les personnes travaillant à gages, à façon et à la journée dans les maisons, ateliers et boutiques des personnes de leur profession ;

18° Les ouvriers ou artisans, — c'est-à-dire les patentables dont la profession consiste en un travail de confection de fabrication ou de main-d'œuvre, — qui travaillent à la journée ou à façon, pour le compte d'autrui ou pour leur propre compte, avec ou sans enseigne, même en boutique, à la condition qu'ils ne vendent pas d'autres objets que ceux fabriqués par eux, et qu'ils n'occupent comme ouvriers que leurs femmes ou leurs enfants non mariés;

19° L'ouvrier travaillant en chambre avec un apprenti âgé de moins de seize ans;

20° Les personnes qui vendent en ambulance dans les rues, dans les lieux de passage et dans les marchés, soit des fleurs, de l'amadou, des balais, des statues et figures en plâtre, soit des fruits, des légumes, des poissons, du beurre, des œufs, du fromage et autres menus comestibles;

21° Les savetiers, les chiffonniers au crochet, les porteurs d'eau à la bretelle et avec voiture à bras, les rémouleurs ambulants, les gardes-malades;

22° Les fabricants à métiers à façon ayant moins de dix métiers;

23° Les éducateurs de vers à soie qui ne filent que les cocons provenant de leur récolte;

24° Les propriétaires ou cultivateurs qui convertissent leurs vins ou cidres en eau-de-vie, là où l'on est dans l'usage de faire cette conversion pour les livrer au commerce, si d'ailleurs ils ne transforment que les vins ou cidres provenant des terrains qui leur appartiennent ou par eux exploités;

24° Les propriétaires qui exploitent et vendent leurs bois, même convertis en charbons ou débités en planches.

OBSERVATION IMPORTANTE.

Nous venons de voir que les patentes sont établies

d'après la nature des professions, et non sur l'importance des bénéfices réalisés.

Il serait bien à désirer, sans doute, que les patentes fussent graduées proportionnellement aux bénéfices des patentables; mais, pour peu qu'on veuille y réfléchir, et quelque séduisant que puisse paraître de prime abord un impôt basé sur les bénéfices exactement connus de chacun, on ne tarde pas à reconnaître que c'est un pur idéal impossible à réaliser. En effet, comment parvenir à la connaissance de ces bénéfices? Là est toute la question. Il faudrait les évaluer ou par voie d'appréciation, ou au moyen de recherches et d'investigations chez les particuliers. Dans le premier cas, la fixation des patentes serait confiée à des arbitres souverains dont on ne pourrait pas espérer des décisions toujours impartiales; et dans le second, elle exigerait des visites domiciliaires qui prendraient un caractère odieux, incompatible avec nos mœurs et le sentiment de notre dignité personnelle.

Notre système actuel des patentes, comme toutes les institutions humaines, a ses imperfections : il est clair que des classifications arrêtées d'avance ne peuvent pas toujours être parfaitement en rapport avec les faits; mais, du moins, la loi consacre une règle que l'on connaît, qui est la même pour tout le monde, qui approche autant que possible de la vérité; et, dans le cas où cette règle vient à froisser nos intérêts, il est toujours plus facie de se résigner à la rigueur d'une prescription légale que de s'incliner devant le caprice et l'arbitraire des hommes.

TAXE DES PRESTATIONS.

PRINCIPES GÉNÉRAUX.

Tout habitant, chef de famille ou d'établissement, à titre de propriétaire, de régisseur, de fermier ou de colon partiaire, porté au rôle des contributions directes, peut être appelé à fournir chaque année une prestation de trois jours au plus :

1° Pour sa personne et pour chaque individu mâle, valide, âgé de dix-huit ans au moins et de soixante ans au plus, membre ou serviteur de la famille et résidant dans la commune ;

2° Pour chacune des charrettes ou voitures attelées, et, en outre, pour chacune des bêtes de somme, de trait ou de selle, au service de la famille ou de l'établissement dans la commune.

Ce que l'on doit entendre par les mots TOUT HABITANT. — Le législateur a employé le mot *habitant* à dessein, pour faire comprendre qu'il avait en vue, non pas le domicile *légal ou de droit*, mais le domicile *réel ou de fait*; c'est, en effet, l'*habitation* qui est la cause immédiate de la détérioration des chemins, et qui constitue en premier ordre l'intérêt à leur bon état et l'obligation de contribuer à leur entretien. Lors donc qu'un propriétaire a plusieurs résidences, il faut rechercher, pour fixer son imposition, quelle est celle des résidences où il a son principal établissement et qu'il habite le plus longtemps.

Lorsqu'un contribuable a diverses résidences, et

qu'il a dans chacune d'elles un *établissement permanent* en domestiques, voitures ou bêtes de somme,
de trait ou de selle, il doit être imposé dans chaque
commune pour tous les éléments imposables qu'il
possède dans chaque commune.

Si, au contraire, un contribuable conduit *temporairement* et *alternativement* ses domestiques, chevaux et voitures d'une résidence à une autre, il doit
être imposé pour tous ses moyens d'exploitation dans
la commune où il a son principal établissement.

Ce que l'on doit entendre par l'expression
CHEF DE FAMILLE. — On doit entendre par chef de
famille, relativement à l'impôt des prestations, le
chef de culture, d'exploitation ou d'établissement,
qu'il soit d'ailleurs marié ou célibataire. C'est en un
mot le *chef de la maison*, qu'il ait de la famille ou
qu'il n'en ait pas.

Pour être imposé nominativement aux prestations,
le chef de famille ou de maison doit être inscrit au
rôle des contributions directes. Cette condition n'est
nécessaire que pour le contribuable porté *nominativement* au rôle des prestations, mais nullement pour
les membres ou serviteurs de la famille qui, en cette
qualité, sont compris dans les éléments d'imposition
réunis collectivement sous le nom du chef de famille
ou de maison.

Il arrive assez souvent que les répartiteurs manifes-
tent le désir d'exempter de la contribution personnelle
et mobilière tel individu qui leur paraît peu aisé,
tout en voulant se réserver la possibilité de l'imposer
à la prestation, par le motif que celle-ci ne lui de-
mandera pas d'argent, mais seulement du temps et

du travail. Dans ce cas, le contrôleur ne peut nullement inscrire au rôle des prestations l'individu dont il s'agit s'il ne figure pas au rôle des contributions directes ; et c'est en vertu du même principe que cet agent refuse d'imposer aux prestations les nouveaux habitants, les nouveaux mariés, etc., que l'on ne juge point susceptibles d'être imposés à la cote personnelle en raison de leur état de gêne.

En général, l'esprit de la loi est d'exempter de l'impôt tous les individus réputés indigents, c'est-à-dire ceux qui par leur pénible labeur peuvent à peine subvenir aux besoins de leur existence.

Ce que l'on doit entendre par le mot VALIDE. — On considère généralement comme valide tout individu ayant la libre disposition de ses membres.

Il a été décidé qu'on doit regarder comme valide tout individu qui se livre habituellement aux travaux des champs, quelles que soient d'ailleurs les petites infirmités dont il peut être affecté.

Ainsi, l'amputation d'un pouce à la suite d'un coup de feu ou d'un autre accident, et les cas généraux de réforme pour le service militaire ne sauraient exempter de la prestation.

En général, pour être *invalide* dans le sens de la loi, il faut pouvoir accuser une infirmité grave, ayant un caractère permanent et de nature à entraîner l'impossibilité de se livrer aux travaux de la campagne.

Ce que l'on doit entendre par MEMBRES DE FAMILLE et SERVITEURS IMPOSABLES. — Par *membres de famille* on doit entendre les fils, frères, beaux-frères, neveux, parents, etc., vivant avec le chef de famille ou dans un établissement lui appartenant.

Le mot *serviteur* comprend tous ceux qui ont dans la maison des fonctions subordonnées à la volonté du maître, qui reçoivent de lui des gages ou un salaire annuel et permanent, ainsi que le logement et la nourriture.

Un propriétaire ne doit donc pas être imposé pour son jardinier, si celui-ci vit à son ménage.

Un ouvrier ne doit pas non plus la prestation pour des ouvriers-compagnons qui ne s'engagent qu'au mois ; mais il est clair que ces compagnons devraient être compris dans la cote de leur patron, si ces compagnons, logés et nourris par lui, recevaient un salaire annuel et permanent.

En règle générale, les ouvriers, laboureurs ou artisans qui travaillent à la journée ou à la tâche ne doivent point être compris dans la catégorie des serviteurs, et il n'y a pas lieu de les imposer, du moins comme attachés à l'établissement de celui pour le compte duquel ils travaillent. Reste à examiner si ces ouvriers doivent la prestation comme chefs de famille ; mais ce serait alors pour leur propre compte.

Bêtes de somme, de trait et de selle imposables. — Les bêtes de somme, de trait ou de selle, sont imposables lorsqu'elles servent au possesseur, ou pour son usage personnel, ou pour celui de sa famille, ou pour l'exploitation d'un établissement soit agricole, soit industriel. Si, au contraire, ces animaux ne sont qu'un objet de commerce, s'ils sont destinés seulement à la consommation ou à la production, ils ne peuvent pas être compris au nombre des éléments imposables , parce qu'ils ne sont réellement pas , comme le veulent les termes de la loi, employés pour le service de la *famille ou de l'établissement*. Il en serait de même, — bien que la loi n'ait pas fixé de limite d'âge, — si ces animaux, même destinés au service de l'exploitation, étaient trop jeunes pour y être employés.

Nous venons de dire que les animaux de commerce ou destinés à la consommation ou à la production ne sont pas imposables.

Les *animaux de commerce* sont les chevaux, bœufs, mulets, ânes, etc. , que les maquignons achètent ou détiennent uniquement dans un but de vente ;

Les *animaux destinés à la consommation* sont ceux que les éleveurs ou cultivateurs nourrissent pour les engraisser et pour les vendre, soit au boucher, soit sur les marchés ;

Les *animaux destinés à la production* sont les étalons et les juments poulinières.

Mais il faut que ces animaux soient *exclusivement* destinés au commerce, à la consommation ou à la production, pour donner lieu à l'exemption de la taxe des prestations ; et l'on devrait imposer les étalons ou juments poulinières qui porteraient la selle ou le harnais, ainsi que les bœufs à l'engrais que l'on attellerait pour le charroi ou le labour.

Voitures et charrettes imposables. — L'habitant est imposable dans la commune pour les voitures, charrettes, chariots ou tombereaux, susceptibles d'être attelés simultanément avec les bêtes qui lui appartiennent.

Toutes les voitures *attelées* sont donc imposables :

celles qui servent au transport des choses, comme celles qui servent même exclusivement au transport des personnes.

Ainsi, un contribuable ne peut se prévaloir de ce que la voiture qu'il possède est suspendue et impropre au service des prestations en nature pour obtenir décharge de la taxe qui frappe cet élément d'imposition.

Les voitures de luxe et les voitures suspendues détériorent les chemins tout aussi bien que les autres, et il est juste que celui qui se sert d'une voiture de ce genre ait sa part des charges contributives; la prestation est imposée sous faculté de rachat en argent, et, quand on a une voiture de luxe, on peut parfaitement acquitter le montant de l'impôt qui s'y rapporte.

DISPOSITIONS SPÉCIALES.

Fonctionnaires. — Les employés du gouvernement auxquels les instructions de leur administration imposent l'obligation d'avoir un cheval ne sont pas imposables pour ce cheval ni pour la voiture qu'il conduit.

Loueurs de chevaux et de voitures. — Les loueurs de chevaux de selle ou de trait, les propriétaires de voitures publiques partant à volonté, sont imposables à la prestation pour tous les chevaux et pour toutes les voitures qu'ils ont, si tous ces chevaux et toutes ces voitures servent au possesseur pour son usage personnel, pour celui de sa famille ou pour l'exploitation de son industrie.

2.

Entrepreneurs de relais. — Les entrepreneurs de relais sont imposables à la prestation pour les chevaux au moyen desquels ils exercent l'industrie de relayeur.

Diligences. — Voitures publiques. — Les entrepreneurs de diligences, les entrepreneurs de petites voitures publiques partant à jour et heure fixes, les voituriers qui ont plusieurs voitures suspendues qu'ils attellent en même temps quand ils ont pratique suffisante, doivent être imposés à la prestation pour tous leurs chevaux et toutes leurs voitures.

Maîtres de poste. — Les maîtres de poste ne sont pas imposables à la prestation en nature pour les *postillons* et les *chevaux* compris dans le service des relais.

Militaires en congé. — Les militaires en congé temporaire ou illimité ne sont pas passibles de la prestation pour leur personne, par la raison qu'ils n'ont pas cessé de faire partie de l'armée, et qu'ils restent toujours à la disposition du ministre de la guerre. Cependant un prestataire peut être imposé pour un militaire en congé qui lui sert de serviteur, mais non pour les ouvriers qu'il emploie, alors même qu'il leur donnerait, comme supplément de salaire, la nourriture et le logement.

Militaires de la réserve et de la garde mobile. — Est considéré comme *habitant* et par conséquent imposable le jeune homme appelé à faire partie soit de la garde nationale mobile, soit de la réserve.

Exemptions. — La loi n'établit pas d'autres exemptions que celles qui résultent de *l'âge*, de *l'in-validité* ou de *l'indigence*.

Il n'y a donc pas lieu de s'occuper de la question de savoir si l'acquittement en nature de la prestation est incompatible avec les fonctions qu'on exerce. Ainsi, on doit imposer les facteurs ruraux, les gardes fores-tiers, les ecclésiastiques, etc., etc... Toutefois, lors-que des motifs de convenance ou de gratitude enga-gent les répartiteurs à affranchir les ecclésiastiques de l'impôt des prestations, l'administration ne s'op-pose pas à cette dispense.

Prestations des villes. — Pour se créer les res-sources nécessaires à la construction et à l'entretien des chemins, les communes peuvent employer deux moyens :

1° Des centimes additionnels spéciaux portant sur le principal des quatre contributions directes;

2° Des prestations en nature, sous faculté de rachat en argent.

Dans les villes importantes, on emploie habituelle-ment le premier moyen ; et c'est ainsi que les habi-tants des villes paient leurs prestations sous une autre forme, ce qui fait dire quelquefois, mais à tort, qu'il suffit d'habiter une localité importante pour tre exempté des prestations.

Prestations des propriétés de l'Etat. — Les propriétés de l'Etat productives de revenu contri-buent aux dépenses des chemins vicinaux dans la même proportion que les propriétés privées.

Manières de se libérer des prestations. — La prestation peut être acquittée en nature ou en argent, au gré du contribuable. La déclaration au sujet de l'acquittement en nature doit être faite à la mairie, dans le délai d'un mois, à partir de la publication du rôle.

Toutes les fois que le contribuable n'aura pas opté dans les délais prescrits, la prestation sera de droit exigible en argent.

Celui qui a déclaré vouloir se libérer en nature doit attendre, pour le faire, l'ordre de l'autorité municipale.

La prestation non rachetée en argent pourra être convertie en tâches, d'après les bases et évaluations de travaux préalablement fixées par le conseil municipal.

Vote des journées de prestations. — Les conseils municipaux de chaque commune votent le nombre de journées qu'ils croient nécessaires pour la construction et la réparation des chemins; leurs délibérations sont ensuite soumises à l'approbation du préfet. Le taux en argent de chaque journée est fixé par le Conseil général.

Subventions extraordinaires. — Toutes les fois qu'un chemin vicinal entretenu à l'état de viabilité par une commune sera habituellement ou temporairement dégradé par des exploitations de mines, de carrières, de forêts ou de toute entreprise industrielle appartenant à des particuliers, à des établissements publics, à la commune ou à l'État, il pourra y avoir lieu à imposer aux entrepreneurs ou propriétaires, suivant que l'exploitation ou les transports auront lieu pour les uns ou les autres, des subventions spéciales, dont la quotité sera proportionnée à la dégradation extraordinaire qui devra être attribuée aux exploitations.

Ces subventions pourront, au choix des subventionnaires, être acquittées en argent ou en prestations en nature, et seront exclusivement affectées à ceux des chemins qui y auront donné lieu.

Elles seront réglées annuellement, sur la demande des communes, par les Conseils de préfecture, ou bien seront déterminées par abonnement; elles seront fixées, dans ce dernier cas, par le préfet en Conseil de préfecture.

Annualité de l'impôt des prestations. — La contribution des prestations est assimilée aux contributions directes, et, lorsqu'elle est régulièrement établie au 1er janvier, elle est due pour *l'année entière.*

Le 1er janvier de l'année à laquelle se rapporte le rôle est, pour les personnes comme pour les choses, le point de départ des obligations en matière de prestations, et les faits susceptibles de modifier les bases de cette contribution qui surviennent postérieurement au 1er janvier ne peuvent motiver ni décharge, ni réduction.

Ainsi, un prestataire imposé pour sa personne dans une commune qu'il n'a quittée que postérieurement au 1er janvier, n'a pas droit à la décharge de sa cotisation sous prétexte qu'il n'habite plus la commune.

De même, un contribuable qui, dans le courant de l'année, vend les voitures et les bêtes de trait ou de somme pour lesquelles il figure au rôle, ne peut prétendre décharge de tout ou partie de sa cote.

TAXE MUNICIPALE SUR LES CHIENS.

La loi établit dans toutes les communes, et à leur profit, une taxe sur les chiens.

Cette taxe ne peut excéder dix francs, ni être inférieure à un franc.

Des décrets rendus en Conseil d'Etat règlent, sur la proposition des Conseils municipaux, et après avis des Conseils généraux, les tarifs à appliquer dans chaque commune.

Les chiens sont divisés en deux catégories :

1° Les chiens d'agrément ou servant à la chasse, qui paient la taxe la plus élevée ;

2° Les chiens de garde, qui supportent la taxe la moins forte.

Les chiens qui peuvent être classés dans la première ou dans la seconde catégorie sont rangés dans celle dont la taxe est la plus élevée.

Première catégorie. — On doit ranger dans la première catégorie :

1° Le chien servant à la chasse, même accidentellement ;

2° Le chien qui erre en liberté dans les rues ;

3° Celui qui accompagne son maître dans ses promenades ;

4° Celui qui est admis au foyer et circule librement dans la maison ;

5° Le chien âgé et infirme qui reste sans emploi ni utilité ;

6° Le chien qui est dressé pour chercher des truffes.

Deuxième catégorie. — On range dans la deuxième catégorie :

1° Les chiens réellement employés à la garde des habitations, écuries, bâtiments ruraux, ateliers, boutiques ou magasins isolés ;

2° Les chiens d'aveugles ;

3° Les chiens de bergers et de bouchers ;

4° Les chiens travailleurs, comme ceux qui tournent une roue chez un forgeron, un cloutier, etc., et en général, tous ceux dont l'utilité est parfaitement justifiée.

Le chien *exclusivement utile* doit être rangé dans la deuxième catégorie ; mais le chien *d'utilité et d'agrément tout à la fois* appartient à la première catégorie.

On voit que c'est la destination des chiens et non leur espèce qui provoque leur classement.

Déclarations des contribuables. — Du 1ᵉʳ octobre de chaque année au 15 janvier de l'année suivante, les possesseurs de chiens doivent faire à la mairie une déclaration indiquant le nombre de leurs chiens et les usages auxquels ils sont destinés.

Ceux qui ont fait cette déclaration avant le 1ᵉʳ janvier doivent la rectifier s'il est survenu quelque changement dans le nombre ou la destination de leurs chiens.

Les déclarations sont inscrites sur un registre spécial tenu à la mairie. Il en est donné un reçu aux déclarants : les récépissés font mention des nom et prénoms du déclarant, de la date de la déclaration, du nombre et de l'usage des chiens déclarés.

Les déclarations peuvent être faites directement, ou par mandataire, ou même par simple lettre, et doivent comprendre tous les chiens possédés au 1er janvier, à l'exception de ceux qui, à cette époque, sont encore nourris par la mère.

Tout possesseur de chien qui a, une première fois, fait une déclaration exacte, n'est pas tenu de la renouveler tant qu'il ne s'est point produit de faits nouveaux pouvant entraîner une modification de taxe. En conséquence, la taxe à laquelle ils ont été soumis continue à être payée annuellement jusqu'à déclaration contraire.

Les déclarations sont inscrites sur un registre spécial. Il en est donné reçu aux déclarants. Il est de l'intérêt des contribuables de conserver ces récépissés, attendu qu'ils peuvent les produire comme pièces justificatives en cas de réclamation.

Commune où doivent être faites les déclarations. — Lorsqu'un contribuable n'a qu'une seule résidence où il détient tous ses chiens, il doit les déclarer dans la commune de sa résidence.

Un contribuable qui laisse ses chiens dans une autre commune que celle de sa résidence doit les déclarer dans la commune où il les fait giter.

Si un contribuable fait alternativement giter ses chiens dans plusieurs communes, il doit les déclarer dans la commune où ses chiens se trouvent à l'époque du 1er janvier.

Déclarations omises, inexactes ou incomplètes. — Tout possesseur de chiens qui s'abstient de les déclarer avant le délai légal du 15 janvier est passible d'une *triple taxe* pour chaque chien.

Celui qui a fait une déclaration incomplète ou inexacte est passible d'une taxe *double* pour chaque chien non déclaré ou porté avec une fausse désignation.

Lorsqu'un contribuable aura été soumis à un accroissement de taxe et que, pour l'année suivante, il ne fera pas la déclaration exigée, la taxe sera *quadruplée*; s'il fait de nouveau une déclaration incomplète ou inexacte, la taxe sera *triplée*.

Annualité de l'impôt. — La taxe légalement établie au 1er janvier est due pour l'année *entière*. En conséquence, les contribuables régulièrement imposés au 1er janvier doivent leur taxe pour l'année entière, quels que soient les changements survenus postérieurement au 1er janvier.

En cas de décès, la taxe est due par les héritiers.

Rôles supplémentaires. — Les rôles supplémentaires sont dressés, dans le cours de l'année, lorsque les faits pouvant donner lieu à des accroissements de taxe n'ont pas été constatés en temps utile pour entrer dans la formation du rôle primitif. Ainsi, il y a lieu de rédiger des rôles supplémentaires pour toutes les déclarations omises, inexactes ou incomplètes.

RECOUVREMENT DES CONTRIBUTIONS DIRECTES.
PRIVILÉGES ET RECOURS.

Mode de recouvrement. — Les contributions directes sont recouvrées au moyen de rôles nominatifs, rendus exécutoires par le préfet et publiés dans chaque commune par le maire.

Les contributions foncière, personnelle et mobilière et des portes et fenêtres, ainsi que la taxe des prestations, sont payables en douze portions égales, et chaque portion est exigible le 1er du mois pour le mois précédent.

Le recouvrement de la contribution des patentes est fait par portions égales, en autant de termes qu'il reste de mois à courir après la publication des rôles.

Il en est de même pour la taxe sur les chiens.

Contribuables en réclamation. — Les contribuables qui ont formé une demande en décharge ou en réduction de cote ne peuvent, sous prétexte de réclamation, différer le paiement des termes qui viennent à échoir pendant tout le temps qui s'écoule entre la remise de la demande et son jugement définitif.

Patentables dont la profession n'est pas exercée à demeure fixe. — Les patentables dont la profession n'est pas exercée à demeure fixe sont tenus d'acquitter le montant total de leur cote au moment où la patente leur est délivrée. S'ils demeurent dans le ressort de la perception, ils ne doivent que les douzièmes échus.

Cas de déménagement hors du ressort de la perception. — En cas de déménagement hors du ressort de la perception , comme en cas de vente volontaire ou forcée, sont immédiatement exigibles en *totalité,* savoir :

1º La contribution personnelle et mobilière ;
2º La contribution des patentes ;
3º La taxe des prestations ;
4º La taxe sur les chiens.

Responsabilité des propriétaires et principaux locataires. — *Contribution personnelle et mobilière* : Les propriétaires et, à leur place, les principaux locataires sont tenus, un mois avant le déménagement de leurs locataires, de se faire représenter les quittances de leurs contributions, à peine d'en être responsables. En cas de refus de la part du locataire ou sous-locataire de produire les quittances demandées, le propriétaire ou principal locataire doit en prévenir immédiatement le percepteur, et retirer de lui une reconnaissance par écrit de cet avertissement.

Dans le cas de déménagement furtif, les propriétaires et, à leur place, les principaux locataires, sous peine de demeurer responsables de la contribution de leurs locataires ou sous-locataires , doivent faire constater dans les trois jours ce déménagement furtif par le maire, le juge de paix ou le commissaire de police. Une expédition du procès-verbal de déménagement est remise au percepteur, qui en donne une reconnaissance par écrit.

Si le percepteur refuse de délivrer une reconnaissance de la déclaration faite à l'époque prescrite, cette déclaration peut lui être notifiée par le ministère d'huissier. Les frais de l'acte sont alors à la charge du percepteur.

Dans tous les cas, et nonobstant toute déclaration de leur part, les propriétaires demeurent responsables de la contribution personnelle et mobilière des personnes logées par eux en garni.

Contribution des patentes : Les propriétaires et, à leur place, les principaux locataires qui n'ont pas, un mois avant le terme fixé par le bail ou par les conventions verbales, donné avis au percepteur du déménagement de leurs locataires, sont responsables des sommes dues par ceux-ci pour la contribution des patentes.

Dans le cas de déménagements furtifs, les propriétaires et, à leur place, les principaux locataires, deviennent responsables de la contribution de leurs locataires s'ils n'ont pas, dans les trois jours, donné avis du déménagement au percepteur.

La part de la contribution laissée à la charge des propriétaires ou principaux locataires comprendra seulement le dernier douzième et le douzième courant dus par le patentable.

Priviléges du Trésor sur les récoltes et les meubles. — Le privilége du trésor s'exerce :

1º Pour la contribution foncière, sur les récoltes, fruits, loyers et revenus des biens immeubles soumis à la contribution foncière;

2º Pour les autres contributions directes, sur les immeubles et effets mobiliers appartenant aux contribuables, en quelque lieu qu'ils se trouvent.

Les droits et priviléges du Trésor s'étendent au recouvrement des frais de poursuites.

Expropriation forcée. — Lorsque la nature ou la détérioration d'un immeuble ne permet pas au percepteur d'exercer le privilége du Trésor sur les récoltes, fruits, loyers et revenus, ou lorsque ces ressources sont insuffisantes et que le redevable n'en présente pas d'autres, le percepteur a droit de poursuivre, avec autorisation préalable du ministre des finances, l'expropriation forcée de l'immeuble frappé de la contribution à recouvrer.

Recours contre les fermiers et locataires. — *Contribution foncière* : Tous fermiers ou locataires sont tenus de payer, à l'acquit des propriétaires ou usufruitiers, la contribution foncière pour les biens qu'ils prennent à ferme ou à loyer ; et les propriétaires ou usufruitiers, de recevoir le montant des quittances de cette contribution pour comptant sur le prix des fermages ou loyers, à moins que le fermier ou locataire n'en soit chargé par son bail.

Contribution des portes et fenêtres : Les locataires peuvent être contraints par saisie et vente de leur mobilier au paiement de la contribution afférente aux ouvertures des locaux par eux occupés.

Recours contre les dépositaires de deniers. — Tous receveurs, agents, économes, notaires, commissaires-priseurs et autres dépositaires de deniers provenant des contribuables et soumis au privilége du Trésor, sont tenus, sur la demande du percepteur, de payer à l'acquit des redevables, sur le montant et jusqu'à concurrence des fonds qu'ils doivent ou qui sont entre leurs mains, les contributions dues par ces derniers.

Recours contre les héritiers ou légataires. — Les héritiers ou légataires peuvent être poursuivis, solidairement et un pour tous, à raison des contributions de ceux dont ils ont hérité et auxquels ils ont succédé, tant que la mutation n'a pas été opérée sur le rôle.

La contribution personnelle et mobilière étant due pour l'année entière, lorsqu'un contribuable vient à décéder dans le courant de l'année, les héritiers sont tenus d'acquitter le montant de sa cotisation.

Il en est de même pour la contribution des portes et fenêtres, la taxe des prestations et la taxe sur les chiens.

EXPLICATION DES AVERTISSEMENTS DE CONTRIBUTIONS.

Les contributions directes et toutes les taxes spéciales assimilées sont *annuelles*, c'est-à-dire établies chaque année ; et, vers le commencement de chaque exercice, il est remis aux contribuables des avertissements (ou *bordereaux*) indiquant le montant des droits qu'ils sont tenus d'acquitter entre les mains du percepteur ou du receveur municipal.

CONTRIBUTION FONCIÈRE.

Base de cotisation. — Le contribuable compare le chiffre de son revenu foncier avec celui de l'année précédente. S'il trouve une différence, il cherche à s'en rendre compte en se rappelant les ventes, acquisitions ou successions, les démolitions, constructions, augmentations de constructions, etc., qui ont pu motiver une diminution ou une augmentation d'impôt. Le contribuable peut d'ailleurs se reporter à son folio de matrice cadastrale et vérifier tous les changements qui y ont été opérés.

Cotisation. — En multipliant le revenu par le centime-le-franc de la contribution foncière (centime-le-franc qui est indiqué en marge de l'avertissement), on doit retrouver exactement le chiffre de sa cotisation.

CONTRIBUTION PERSONNELLE ET MOBILIÈRE.

Base de cotisation. — Le contribuable doit comparer le loyer servant de base à la contribution mobilière avec celui de l'année précédente. S'il y a une différence, elle peut résulter d'un changement d'habitation ou d'une modification dans l'ancien logement. Cette différence peut encore provenir d'un *rappel à l'égalité proportionnelle*, c'est-à-dire des changements que les répartiteurs sont en droit d'opérer sur les bases de cotisation au moment de la révision annuelle des rôles.

Cotisation. — Le contribuable n'a qu'à multiplier le loyer par le centime-le-franc de la contribution mobilière (centime-le-franc indiqué en marge de l'avertissement). Il doit reproduire ainsi le chiffre exact de sa cotisation.

CONTRIBUTION DES PORTES ET FENÊTRES.

Bases de cotisation. — Le contribuable compare le nombre des ouvertures inscrites sur son avertissement avec celui qui figurait sur l'avertissement de l'année précédente. S'il constate une différence, elle peut être motivée par une démolition totale ou partielle, une construction, une augmentation de construction, la suppression ou l'addition récente d'une ou plusieurs ouvertures. Elle peut encore provenir d'un nouveau recensement opéré par le contrôleur.

Pour se rendre un compte exact de la base de sa cotisation, le contribuable peut faire lui-même le dénombrement des ouvertures imposables de toutes les maisons qu'il possède.

Il comptera d'abord séparément dans chaque bâtiment ayant plus de cinq ouvertures :

1° Les portes cochères, charretières ou de magasin ;

2° Les portes et fenêtres des rez-de-chaussée, entre-sol, premier et deuxième étages ;

3° Les portes et fenêtres du troisième étage et au-dessus.

Il comptera ensuite :

Les maisons à une ouverture ;

Les maisons à deux ouvertures ;

Les maisons à trois ouvertures ;

Les maisons à quatre ouvertures ;

Les maisons à cinq ouvertures.

En réunissant en un seul nombre toutes les ouvertures de la même catégorie, le contribuable devra retrouver, sauf erreur, les bases de cotisation portées sur sa feuille d'avertissement. Les contribuables doivent se méfier d'eux-mêmes pour l'opération du recensement des ouvertures, et ne réclamer que lorsqu'ils se seront parfaitement assurés de l'existence d'une surtaxe ; car il arrive fréquemment que les contrôleurs, appelés à vérifier une réclamation, découvrent un plus grand nombre d'ouvertures imposables que celui qui figure dans la cote du réclamant.

Cotisation. — Le tarif des portes et fenêtres ne figure pas sur les avertissements, mais les contribuables pourront en prendre connaissance sur la matrice générale déposée à la mairie, ou sur la feuille de tête du rôle du percepteur. En multipliant la taxe afférente à chaque catégorie d'ouvertures par le nombre des ouvertures de chaque catégorie, on devra retrouver les cotisations totales portées sur l'avertissement.

CONTRIBUTION DES PATENTES.

Bases de cotisation. — La contribution des patentes, comme nous l'avons dit, comporte généralement deux bases de cotisation, savoir : 1° les bases du droit fixe ; 2° les bases du droit proportionnel.

Droit fixe : Les contribuables doivent vérifier si l'on a appliqué des désignations exactes à leurs professions, commerces ou industries, c'est-à-dire si ces désignations sont bien en rapport avec les opérations qu'ils exécutent.

Ils recherchent ensuite si le nombre d'ouvriers, de broches, de paires de meules ou de cylindres, de pilons, etc., portés sur leurs feuilles d'avertissement, n'est pas exagéré ; si la capacité de leurs fours, cuves, chaudières, etc., est exactement déterminée, si les chiffres d'adjudications de travaux publics, de droits de place sur les halles et marchés ne sont pas trop élevés, etc., si les demi-droits fixes additionnels s'appliquent à des magasins parfaitement distincts dans le sens de la loi.

Droit proportionnel : Le patentable examine si les valeurs locatives attribuées aux maisons, boutiques, ateliers, magasins, etc., ne dépassent pas le taux ordinaire des loyers ou le prix de son bail, s'il y a lieu. Dans le cas où le bail comprendrait des objets non passibles du droit proportionnel, un jardin, des terres, par exemple, il s'assurera qu'on a déduit du prix du bail la valeur locative afférente à ces objets.

Le taux du droit proportionnel diffère selon la nature des professions. Ce taux varie encore souvent pour un même patentable, suivant que le droit proportionnel frappe la maison d'habitation ou les locaux servant à l'exercice des professions. Comme la valeur locative de l'habitation est quelquefois passible d'un taux plus élevé que celle de l'établissement, il faut vérifier si la valeur locative attribuée à l'habitation est surévaluée, auquel cas il y aurait une surtaxe.

Cotisation. — *Droit fixe :* Nous donnons ci-après le tarif général des professions imposées eu égard à la population. A l'aide de ce tarif, les contribuables du tableau A pourront immédiatement vérifier si la taxe de leurs droits fixes est bien en rapport avec la classe de leurs professions et avec la catégorie de population à laquelle appartient la commune où ils exercent ces professions.

TABLEAU A.

—

TARIF GÉNÉRAL

DES PROFESSIONS IMPOSÉES EU ÉGARD A LA POPULATION.

CLASSES.	DROIT FIXE DANS LES COMMUNES.							
	au-dessus de 100,000 âmes.	de 50,001 a 100,000 âmes.	de 30,001 à 50,000 âmes.	de 20 001 à 30,000 âmes.	de 10,001 à 20,000 âmes.	de 5,001 à 10,000 âmes.	de 2,001 à 5,000 âmes.	de 2,000 âmes et au-dessous.
1re	300f	240f	180f	120f	80f	60f	45f	35f
2e	150	120	90	60	45	40	30	25
3e	100	80	60	40	30	25	22	18
4e	75	60	45	30	25	20	18	12
5e	50	40	30	20	15	12	9	7
6e	40	32	24	16	10	8	6	4
7e	20	16	12	8	*8	*5	*4	*3
8e	12	10	8	6	*5	*4	*3	*2

Le signe * veut dire exemption du droit proportionnel.

Sont réputés :

Marchands en gros. (Ceux qui vendent habituellement à d'autres marchands (Loi du 18 mai 1850).

Marchands en demi-gros.) Ceux qui vendent habituellement aux détaillants et aux consommateurs (Loi des 25 avril 1844 et 18 mai 1850).

Marchands en détail.) Ceux qui ne vendent habituellement qu'aux consommateurs (Lois des 25 avril 1844 et 18 mai 1850).

Droit proportionnel : Pour vérifier la taxe

du droit proportionnel, il suffit d'examiner si l'on a exactement appliqué le taux réglementaire aux valeurs locatives (1).

Centimes additionnels. — Les droits résultant de l'application du tarif sont appelés *droits en principal*.

Pour vérifier la taxe des centimes additionnels, il suffit de multiplier le total des droits en principal par le centime-le-franc indiqué en marge de l'avertissement : on devra retrouver exactement le chiffre qui figure dans la cotisation.

TAXE DES PRESTATIONS ET TAXE SUR LES CHIENS.

Bases de cotisation. — Il suffira de voir s'il n'y a pas d'exagération dans le nombre des éléments

(1) Pour vérifier exactement tous les droits de patente, il serait nécessaire d'avoir en mains et de connaître à fond le tarif général des patentes qui est annexé à la loi du 25 avril 1844, et que nous donnerons du reste dans le manuel spécialement consacré à la contribution des patentes. Mais, Toutefois, l'application du tarif, pour le droit proportionnel comme pour le droit fixe, est soumise à tant de vérifications qu'il n'y a pas à craindre d'erreur matérielle. Les deux choses importantes à vérifier par les patentables, c'est de voir si leurs professions sont bien désignées d'après la nature des opérations qu'ils exécutent, et si les valeurs locatives attribuées à leurs maisons, boutiques, etc., ne sont pas exagérées. Toutefois, avant de conclure à une surtaxe, les contribuables feront bien de consulter le contrôleur, qui s'empressera de leur donner toutes les explications nécessaires, et qui saura, mieux que tout autre, leur faire découvrir les erreurs commises à leur préjudice.

imposables : hommes, chevaux, bœufs, voitures, etc. ;
s'il n'y a pas d'erreur dans le nombre et la catégorie
des chiens imposés ou déclarés.

Cotisation. — Les contribuables pourront prendre connaissance du tarif sur la feuille de tête du
rôle du percepteur, et, en multipliant les bases de
cotisation par la taxe afférente à chaque élément, ils
devront reproduire le montant de leur contribution.

OBSERVATION IMPORTANTE.

Les avertissements, comme nous venons de le
voir, renferment deux parties bien distinctes : d'un
côté, les bases de cotisation ; de l'autre, les cotisations elles-mêmes.

En recevant leurs avertissements, les contribuables
ont la mauvaise habitude de comparer immédiatement
le montant total de leurs impôts avec celui de l'année précédente, et, s'ils constatent la moindre augmentation, ils éclatent en récriminations mal fondées.

Avant tout, les contribuables doivent examiner les
bases de leurs cotisations. Si ces bases sont restées
les mêmes, bien que les contributions soient légère-
ment augmentées, il n'y a lieu ni à *plainte* ni à *réclamation*, car tous les contribuables supportent, dans
la même proportion, ces suppléments d'impôts provenant de l'augmentation des centimes additionnels
dont le chiffre varie, en plus ou en moins, d'une
année à l'autre.

De plus, nous voulons encore remplir un devoir
de bon citoyen, en prémunissant les contribuables
contre des insinuations malveillantes, qui consistent

à vouloir rendre le pouvoir responsable de ces augmentations contributives auxquelles il est *complétement étranger*, puisqu'elles proviennent des impositions votées par les conseils généraux ou les conseils municipaux, dans le but de subvenir à des charges locales ou de créer des améliorations quelconques.

En comparant leurs feuilles d'avertissement avec celles des années antérieures, les contribuables pourront s'assurer que la part d'impôt revenant à l'Etat ne change pas lorsque les bases de cotisations restent les mêmes, et qu'ainsi le pouvoir est aussi désintéressé dans le recouvrement de ces contributions supplémentaires qu'étranger à leur création.

DES RÉCLAMATIONS.

PRINCIPES GÉNÉRAUX.

On peut former deux espèces de réclamations touchant les contributions directes, savoir :

1° Les réclamations en *décharge* ou *réduction* ;

2° Les réclamations en *remise* ou *modération*.

On appelle *décharge* le dégrèvement de la totalité de la cote, et *réduction* le dégrèvement d'une partie seulement de cette cote.

Lorsqu'on est mal à propos ou indûment imposé, on a droit à une décharge ; lorsqu'on est surtaxé, on a droit seulement à une réduction.

La *remise* (ou dégrèvement complet) et la *modération* (ou dégrèvement partiel) s'accordent au propriétaire qui a perdu la totalité ou une partie du revenu afférent à l'objet imposé.

Les contribuables qui éprouvent des pertes imprévues, ou qu'un concours de circonstances malheureuses met dans l'impossibilité de solder le montant intégral de leurs contributions, obtiennent également, mais à titre purement gracieux, des remises ou modérations.

La *décharge* et la *réduction* sont de justice rigoureuse : ainsi, toute cote indûment établie doit être l'objet d'un dégrèvement total ; toute cote surtaxée doit être réduite.

La *remise* et la *modération* ne sont pas de droit étroit ; ces dégrèvements tiennent à la bienfaisance et à l'humanité, et peuvent être subordonnés à la latitude du fonds de non-valeurs mis à la disposition du préfet.

DU DROIT DE RÉCLAMATION.

Contribuables nominativement inscrits au rôle. — Tout contribuable a le droit de former une demande en *décharge ou réduction* de sa contribution, s'il se croit mal imposé ; en *mutation de cote* si une propriété est cotisée sous son nom au lieu de l'être sous celui du véritable propriétaire (il faut alors indiquer, dans la réclamation, les nom, prénoms et demeure du véritable propriétaire) ; en *transfert de patente* s'il a cédé son établissement dans le cours de l'année (pour être admis à réclamer le transfert de sa patente, il faut qu'il y ait *cession authentique*, et non pas cessation de profession par suite de fin de bail ou de toute autre cause, auquel cas on ne serait pas fondé à réclamer).

Les contribuables qui ont éprouvé des pertes de revenus peuvent réclamer des *remises* ou *modérations* d'impôt.

Héritiers. — Lorsqu'un individu est décédé *avant le premier janvier*, les héritiers ont le droit de former une demande en décharge de la contribution personnelle et mobilière. Si l'habitation du défunt est restée meublée après le 1er janvier, ils n'ont droit qu'à la décharge de la taxe personnelle. Les héritiers d'un patentable décédé peuvent réclamer la décharge ou la réduction de ses droits de patente.

Créanciers. — Les créanciers d'un patentable en faillite déclarée peuvent réclamer la décharge ou la réduction de ses droits de patente.

Locataires. — Le locataire a qualité pour réclamer au lieu et place de son propriétaire, *seulement* au sujet de la *contribution des portes et fenêtres* assise sur la maison qu'il habite.

Maires. — Lorsque les pertes résultant d'événements extraordinaires, tels que grêle, gelée, inondation, etc., ont été éprouvées sur une partie notable du territoire de la commune, le maire peut former une demande collective au nom des contribuables.

Défaut de qualité des tiers. — En dehors des cas ci-dessus spécifiés, nul n'est admis à réclamer pour autrui, s'il ne justifie qu'il a qualité pour le faire. Le mandat de réclamer peut être donné par simple lettre.

Ainsi, les pères ne sont pas admis à réclamer pour leurs enfants majeurs, ni les enfants pour leur père ou ascendants ; ni les maires pour leurs administrés, s'il s'agit de demandes individuelles ; ni les percepteurs pour les contribuables qui peuvent réclamer eux-mêmes ; ni les propriétaires pour leurs fermiers ou locataires, ou réciproquement.

FORME DES RÉCLAMATIONS.

Les pétitions doivent être individuelles. — Il doit être présenté autant de pétitions qu'il y a de réclamants, excepté le cas où le maire forme une demande collective pour les habitants, et celui où plusieurs individus se trouvent collectivement inscrits dans un même article de rôle et où la demande peut encore être collective.

Emploi du papier libre et du papier timbré. — Toutes les pétitions relatives aux prestations peuvent toujours être faites sur papier libre.

Les pétitions relatives aux autres contributions peuvent être faites sur papier libre si elles ont pour objet une cote inférieure à 30 francs ; mais si elles ont pour objet une cote de 30 francs et au-dessus, elles doivent être formulées sur papier timbré (1).

En ce qui concerne la contribution foncière, si la parcelle ou les parcelles au sujet desquelles on réclame ne sont pas soumises à une contribution de 30 francs

---

(1) Lorsqu'un avertissement renferme plusieurs espèces de contribution, chaque espèce de contribution représente une cote différente.

et au-dessus, on peut former la demande sur papier libre, lors même que le montant total de la cote foncière serait supérieur à 30 francs.

Pétition particulière pour chaque contribution. — Il faut présenter une pétition particulière pour chaque contribution.

Signatures des pétitions. — Les pétitions doivent être signées par les réclamants ; cependant, s'ils sont illettrés et dans l'obligation de recourir à un tiers, ils peuvent faire mettre au bas de leurs demandes : *ne sait signer.*

Pièces à joindre aux pétitions. — Toute demande en décharge ou réduction doit être accompagnée :

1° De l'avertissement ou d'un extrait du rôle ;

2° De la quittance des termes échus (si la pétition est présentée dans le mois de janvier, il n'y a pas de terme échu, et par conséquent pas de quittance à joindre) ;

3° Mais seulement quand il s'agit de la contribution foncière, un extrait de la matrice cadastrale pour les propriétés qui font l'objet de la réclamation.

DÉLAI DE LA PRÉSENTATION DES RÉCLAMATIONS.

Demandes en décharge ou réduction. — Les demandes en décharge ou réduction doivent être présentées dans le délai de *trois mois*, à dater du jour de la publication du rôle (1). Cependant, pour

(1) Le jour de la publication du rôle est indiqué sur les avertissements.

le contribuable qui a changé de résidence antérieurement à la publication du rôle, le délai ne court qu'à partir du jour où ce contribuable a eu officiellement connaissance de son imposition.

Le jour de la publication du rôle et celui de l'échéance ne sont pas compris dans les trois mois fixés par la loi pour la présentation des demandes en décharge ou en réduction. Il en est de même du premier et du dernier jour des délais accordés dans les autres cas de réclamation.

Demandes en remise ou modération. — Pour les demandes en remise ou modération, le délai n'est que de *quinze jours*, à partir de l'événement qui motive la demande.

En principe, quel que soit le délai légal, il est bon de présenter ses réclamations sitôt que l'on s'aperçoit d'une erreur. C'est le moyen de ne pas s'exposer à encourir la déchéance et d'obtenir plus promptement les dégrèvements demandés (1).

AUTORITÉS AUXQUELLES LES DEMANDES DOIVENT ÊTRE ADRESSÉES.

Préfet. — Les pétitions doivent être adressées au préfet, lorsqu'elles ont pour objet des cotisations établies dans une commune de l'arrondissement chef-lieu.

Sous-préfet. — Dans le cas contraire, les demandes devront être adressées au sous-préfet.

(1) Les modèles de pétition qui sont un peu plus loin présentent pour chaque cas : 1° le délai légal ; 2° les pièces qui doivent accompagner la pétition.

Nous devons faire observer ici que ce n'est pas la date de la pétition qui doit être constatée pour l'application de la déchéance, c'est l'arrivée de cette pétition à la préfecture ou à la sous-préfecture.

Les demandes revêtues des formalités prescrites sont enregistrées à la date de leur réception ; celles qui sont irrégulières sont retournées aux réclamants pour être régularisées.

INSTRUCTION DES RÉCLAMATIONS.

Toutes les demandes reçues à la préfecture ou dans les sous-préfectures sont transmises au directeur des contributions directes.

Leur instruction est confiée aux agents des contributions directes, qui prennent l'avis des répartiteurs pour toutes les demandes en décharge ou réduction relatives aux contributions foncière, personnelle et mobilière, des portes et fenêtres, prestations et taxe sur les chiens. Ils prennent l'avis du maire seul pour toutes les demandes en décharge ou réduction concernant les patentes, et pour celles en remise ou modération de toutes les natures de contribution.

Les demandes reviennent ensuite à la préfecture : celles dont l'admission est proposée pour être jugées, et celles dont le rejet est proposé pour être déposées à la préfecture ou à la sous-préfecture, où le réclamant avisé peut fournir de nouvelles observations pendant un délai de dix jours.

Le conseil de préfecture statue sur toutes les demandes en décharge ou réduction.

Les demandes en remise ou modération sont jugées par le préfet seul.

Si, pendant le dépôt de sa demande à la préfecture ou à la sous-préfecture, le réclamant a fourni de nouvelles observations ou demandé l'expertise, il est procédé au plus tôt soit à une nouvelle instruction, soit à l'expertise demandée; et ce n'est qu'après ces formalités que le conseil de préfecture est appelé à statuer définitivement.

Si la demande est rejetée, les frais d'expertise sont à la charge du réclamant; ils sont supportés par l'Etat ou la commune si la demande est admise.

Pourvois devant le conseil d'Etat. — Les contribuables sont en droit de se pourvoir devant le conseil d'Etat contre les décisions du conseil de préfecture. Les requêtes doivent être parvenues dans les bureaux de la préfecture ou au secrétariat du conseil d'Etat dans les trois mois qui suivent la notification des décisions. Toute requête doit être faite sur papier timbré s'il s'agit d'une cote de 30 francs et au-dessus; elle est exempte du timbre quand cette cote est inférieure à 30 francs; elle peut n'être accompagnée que de la notification ou lettre d'avis de la décision du conseil de préfecture; mais, si le pétitionnaire juge utile d'y joindre une copie entière de cette décision et des rapports sur lesquels elle est intervenue, cette copie lui est délivrée à raison de 75 centimes par rôle, non compris le papier timbré.

Le recours au conseil d'Etat n'est soumis qu'au droit de timbre et peut être transmis au gouvernement, sans frais, par l'intermédiaire du préfet.

MODÈLES

DE

RÉCLAMATIONS [1]

CONTRIBUTION FONCIÈRE.

Demandes en décharge ou réduction.

Modèle nº 1. — *Corrosion* (totale ou partielle) *d'une propriété.*

Pièces à joindre :
1° Feuille d'avertissement ;
2° Quittance des termes échus ;
3° Extrait de la matrice cadastrale.

Délai de réclamation :
(Dans les trois mois de la publication du rôle.)

Monsieur le Sous-Préfet (ou Préfet, s'il y a lieu),

Le soussigné a l'honneur de vous exposer que, par suite du débordement de la rivière de..., survenu le..., la parcelle de terrain désignée dans l'extrait de matrice cadastrale ci-joint a subi une corrosion (*totale ou partielle*).

Il demande le dégrèvement de contribution fon-

---

(1) Toute réclamation doit être datée et signée, et indiquer l'autorité à laquelle elle est adressée.

cière auquel il peut avoir droit, et la suppression (*totale ou partielle*) de ladite parcelle de la matière imposable.

Le soussigné est, avec respect, etc.

MODÈLE Nº 2. — *Détérioration* (totale ou partielle) *d'une propriété.*

Pièces à joindre :   Délai de réclamation :
(Voir nº 1er.)   (Voir nº 1er.)

Le soussigné a l'honneur de vous exposer que, par suite de (*indiquer le sinistre*), la parcelle de terrain désignée dans l'extrait de matrice cadastrale ci-joint a été détériorée (*ensablée en totalité ou en partie*).

Il demande le dégrèvement de contribution foncière auquel il peut avoir droit et un nouveau classement de ladite parcelle.

MODÈLE Nº 3. — *Occupation d'une propriété par la voie publique.*

Pièces à joindre :   Délai de réclamation :
(Voir nº 1er.)   (Voir nº 1er.)

Le soussigné a l'honneur de vous exposer que la parcelle de terrain désignée dans l'extrait de matrice cadastrale ci-joint a été occupée en totalité (*ou sur une superficie de...*) pour la construction de (*indiquer la route ou le chemin*), par suite de la cession qu'il en a faite à... (*l'État, le département, ou la commune*), par acte du...

L'occupation ayant eu lieu avant le 1er janvier, il demande le dégrèvement de contribution foncière auquel il peut avoir droit, et la suppression (*totale ou partielle*) de ladite parcelle de la matière imposable.

MODÈLE N° 4. — *Démolition, incendie, ou conversion en bâtiment rural, — d'une maison, usine, etc., — avant le 1ᵉʳ janvier.*

<table>
<tr><td>Pièces à joindre :
(Voir n° 1ᵉʳ.)</td><td>Délai de réclamation :
(Voir n° 1ᵉʳ.)</td></tr>
</table>

Le soussigné a l'honneur de vous exposer que la maison (*ou l'usine*) désignée dans l'extrait de matrice cadastrale ci-joint a été démolie (*incendiée, ou convertie en bâtiment rural*) avant le 1ᵉʳ janvier dernier.

Il sollicite la décharge de la contribution foncière y afférente.

MODÈLE N° 5. — *Même pétition pour la contribution des portes et fenêtres, en modifiant le deuxième paragraphe comme il suit :*

Il sollicite la décharge de la contribution des portes et fenêtres afférente à ladite maison, qui est imposée pour (*indiquer le nombre des ouvertures*).

Demandes en remise ou modération.

MODÈLE N° 6. — *Pertes de revenu, ou pertes d'immeubles, par suite de grêle, gelée, inondation, incendie, ou autre événement survenu postérieurement au 1ᵉʳ janvier. (Demande collective présentée par le maire de la commune).*

<table>
<tr><td>Pièces à joindre :
(Néant.)</td><td>Délai de réclamation :
(Dans les quinze jours qui suivent l'événement.)</td></tr>
</table>

J'ai l'honneur de vous exposer que, par suite d'une grêle (*inondation, gelée, incendie, ou autre événe-*

ment), qui a eu lieu le..., un grand nombre (*ou plusieurs*) de mes administrés ont éprouvé des dommages considérables.

Permettez-moi, Monsieur le Sous-Préfet (*ou Préfet*), de faire appel à toute votre sollicitude en faveur des victimes de ce malheureux événement.

La vérification sur les lieux devant être opérée par un agent de l'administration, avec l'assistance de commissaires présentés par le maire, j'ai l'honneur de vous proposer MM. (*indiquer deux noms*), dont l'honorabilité et l'aptitude offrent toutes les garanties nécessaires pour l'opération dont il s'agit.

MODÈLE N° 7. — *Pertes de revenu par suite de grêle, gelée, inondation, ou autre événement survenu postérieurement au 1er janvier.* (Demande individuelle.)

Pièces à joindre :	Délai de réclamation :
Feuille d'avertissement.	(Voir n° 6.)

Le soussigné a l'honneur de vous exposer que, par suite de (*indiquer la nature de l'événement*), ses récoltes, consistant en (*blé, seigle, orge, avoine, etc.*), ont été gravement endommagées.

La perte qu'il a éprouvée peut être évaluée à..., et lui est d'autant plus sensible que rien n'était assuré.

Confiant dans votre bienveillance, Monsieur le Sous-Préfet (*ou Préfet*), il ose espérer qu'après avoir fait procéder à la vérification du dommage, vous voudrez bien lui faire obtenir une remise de contributions, et un secours spécial proportionné à sa perte et à sa malheureuse situation.

Modèle N° 8. — *Incendie postérieur au 1er janvier.*

Pièces à joindre :   Délai de réclamation :
(Voir n° 1er.)   (Voir n° 6.)

Le soussigné a l'honneur de vous exposer que sa maison, désignée dans l'extrait de matrice cadastrale ci-joint, a été détruite (*en totalité ou en partie*) par un incendie, à la date du...

Cette maison représentait une valeur vénale approximative de..., et la perte qu'il éprouve, y compris la valeur du mobilier consumé, peut être évaluée à...

Dans cette triste circonstance, il ose espérer, Monsieur le Sous-Préfet (*ou Préfet*), que vous voudrez bien lui faire obtenir la remise de la contribution foncière afférente à ladite maison, et, si c'est possible, un secours du gouvernement.

Modèle N° 9. — *Même réclamation pour la contribution des portes et fenêtres, en modifiant les deux derniers paragraphes comme il suit :*

Cette maison était imposée pour... ouvertures.

Il ose espérer, Monsieur le Préfet (*ou Sous-Préfet*), que vous voudrez bien lui faire obtenir la remise de la contribution des portes et fenêtres afférente à ladite maison.

Modèle N° 10. — *Le locataire d'une maison incendiée doit réclamer comme il suit :*

Le soussigné a l'honneur de vous exposer que, par suite d'un incendie, qui s'est déclaré, à la date du..., dans la maison qu'il habitait, il a éprouvé une perte mobilière de..., qui l'affecte d'autant plus vivement qu'elle n'est couverte par aucune assurance.

Il a recours à votre haute bienveillance pour obtenir une remise de contribution mobilière, et participer aux secours dont le gouvernement dispose en faveur des perdants nécessiteux.

MODÈLE Nº 11. — *Démolition de maison, usine, etc. postérieure au 1ᵉʳ janvier.*

Pièces à joindre :   Délai de réclamation :
(Voir nº 1ᵉʳ.)   (Voir nº 6.)

Le soussigné a l'honneur de vous exposer qu'il a fait démolir la maison, désignée dans l'extrait de matrice cadastrale ci-joint ; que cette démolition, entreprise le..., a été terminée le...

Il sollicite la remise de la contribution foncière afférente à ladite maison à partir du mois qui a suivi sa démolition.

MODÈLE Nº 12. — *Même demande pour la contribution des portes et fenêtres, en modifiant le dernier paragraphe comme il suit :*

Il sollicite la remise de la contribution afférente, à partir du mois qui a suivi la démolition, aux ouvertures de ladite maison, dont le nombre est de...

MODÈLE Nº 13. — *Vacance de maison, usine, etc.*

Pièces à joindre :   Délai de réclamation :
(Voir nº 1ᵉʳ.)   (Dans les quinze jours qui suivent l'année, — le semestre, — ou le trimestre de la vacance.)

Le soussigné a l'honneur de vous exposer que la maison désignée dans l'extrait de matrice cadastrale ci-joint, et dont il est propriétaire, est restée vacante (*en totalité ou en partie*) depuis le... jusqu'à la date du..., malgré toutes les démarches qu'il a pu faire pour la louer.

Il sollicite, pour toute la durée de la vacance, la remise de la contribution foncière afférente à cette propriété (*ou à la partie restée vacante, qui représente le tiers, le quart, etc., de la maison*).

MODÈLE N° 14. — *Même demande pour la contribution des portes et fenêtres, en modifiant le deuxième paragraphe comme il suit :*

Il sollicite, pour toute la durée de la vacance, la remise de la contribution des portes et fenêtres afférente aux ouvertures de ladite maison (*ou de la partie vacante de ladite maison*), dont le nombre est de...

CONTRIBUTION DES PORTES ET FENÊTRES.

Demandes en décharge ou réduction.

MODÈLE N° 15. — *Erreur dans le nombre des ouvertures.*

Pièces à joindre :	Délai de réclamation :
1° Feuille d'avertissement ;	(Dans les trois mois de la publica-
2° Quittance des termes échus ;	tion du rôle.)
3° Extrait de la matrice cadastrale.	

Le soussigné a l'honneur de vous exposer que sa maison, désignée dans l'extrait de matrice cadastrale ci-joint, est imposée pour... portes et fenêtres, bien qu'elle n'en ait que...

Il demande une réduction d'impôt et la rectification définitive de l'erreur commise à son préjudice

MODÈLE N° 16. — *Conversion d'une porte cochère en porte ordinaire.*

Pièces à joindre :
1° Feuille d'avertissement;
2° Quittance des termes échus ;
3° Extrait de la matrice cadastrale.

Délai de réclamation :
(Dans les trois mois de la publication du rôle.)

Le soussigné a l'honneur de vous exposer qu'il a transformé, avant le 1ᵉʳ janvier dernier, une porte cochère en porte ordinaire, dans sa maison, désignée sur l'extrait de matrice cadastrale ci-joint.

Il demande réduction de la différence d'impôt qui résulte de cette modification et le déclassement définitif de ladite ouverture.

MODÈLE N° 17. — *Suppression d'ouvertures.*

Pièces à joindre :
1° Feuille d'avertissement ;
2° Quittance des termes échus ;
3° Extrait de la matrice cadastrale.

Délai de réclamation :
(Dans les trois mois de la publication du rôle.)

Le soussigné a l'honneur de vous exposer qu'il a supprimé... ouvertures à sa maison, désignée dans l'extrait de matrice cadastrale ci-joint.

Il demande, pour l'année courante, réduction de la différence d'impôt qui résulte de cette modification et la radiation définitive des ouvertures supprimées.

3.

CONTRIBUTION PERSONNELLE ET MOBILIÈRE.

Demandes en décharge ou réduction.

MODÈLE N° 18. — *Double taxe dans la même commune.*

Pièces à joindre :	Délai de réclamation :
1° Feuilles d'avertissement ;	(Dans les trois mois de la publi-
2° Quittance des termes échus.	cation du rôle.)

Le soussigné a l'honneur de vous exposer qu'il est, ainsi que le constatent les deux avertissements ci-joints, imposé par double emploi à la contribution personnelle et mobilière , sous les articles...

Il demande décharge de la cotisation portée sous l'article...

MODÈLE N° 19. — *Imposition dans deux communes.*

Pièces à joindre :	Délai de réclamation :
1° Feuilles d'avertissement ;	(Dans les trois mois de la publi-
2° Quittance des termes échus.	cation du rôle.)

Le soussigné a l'honneur de vous exposer qu'il est indûment imposé à la contribution personnelle et mobilière dans la commune de..., qu'il a cessé d'habiter au mois de..., et dans laquelle il n'a conservé aucune habitation meublée.

Comme il justifie, par l'avertissement ci-joint, de son imposition à la même contribution dans la commune de..., sa nouvelle résidence, il demande la décharge de sa cotisation dans la première commune.

MODÈLE N° 20. — *Décès antérieur au 1er janvier.*

Pièces à joindre :	Délai de réclamation :
1° Feuille d'avertissement ;	(Dans les trois mois de la publi-
2° Quittance des termes échus.	cation du rôle.)

Le soussigné (*ou la soussignée*) a l'honneur de vous exposer que le sieur..., son père (*ou son mari, son frère, son oncle, etc.*), est décédé le..., et que, par conséquent, il est indûment imposé à la contribution personnelle et mobilière pour l'exercice courant, sous l'article... du rôle de la commune de...

Le soussigné demande, en qualité d'héritier, la décharge de la contribution sus-indiquée.

NOTA. — Si l'habitation du contribuable décédé est restée meublée à la disposition des héritiers, ou de l'un d'eux, postérieurement au 1er janvier, il n'y aurait lieu de réclamer que la décharge de la taxe personnelle.

MODÈLE N° 21. — *Surtaxe comparative.*

Pièces à joindre :	Délai de réclamation :
1° Feuille d'avertissement ;	(Dans les trois mois de la publi-
2° Quittance des termes échus	cation du rôle.)

Le soussigné a l'honneur de vous exposer que le loyer d'habitation qui sert de base à sa contribution mobilière est trop élevé comparativement à la généralité des loyers de la commune, et notamment à ceux attribués à MM... (*indiquer les noms des contribuables dont les cotisations sont prises comme termes de comparaison*).

Il demande une réduction.

Demandes en remise ou modération.

MODÈLE N° 22. — *Indigence.*

<table>
<tr><td>Pièce à joindre :
Feuille d'avertissement.</td><td>Délai de réclamation :
(Sans délai fatal , mais le plus tôt possible à partir du commencement de l'année.)</td></tr>
</table>

Le soussigné a l'honneur de vous exposer que son état d'indigence le met dans l'impossibilité d'acquitter le montant de la contribution personnelle et mobilière (*ou personnelle seulement*) à laquelle il est imposé sous l'article...

Il vous prie très-humblement de vouloir bien lui faire obtenir la remise de ladite contribution.

MODÈLE N° 23. — *Etat de gêne extrême.*

<table>
<tr><td>Pièces à joindre :
1° Feuille d'avertissement ;
2° Quittance de la portion de cote qui a pu être payée.</td><td>Délai de réclamation :
(A toute époque de l'année.)</td></tr>
</table>

Le soussigné a l'honneur de vous faire connaître que, par suite d'une longue maladie qu'il vient de faire, sa famille, dont il est l'unique soutien, est dans une position voisine de la misère.

Ne pouvant acquitter le montant intégral de sa contribution personnelle et mobilière, il a recours à votre haute bienveillance, Monsieur le Sous-Préfet (*ou Préfet*), pour obtenir le dégrèvement de cette contribution *(ou de la somme qui lui reste à payer sur cette contribution).*

CONTRIBUTION DES PATENTES.

Demandes en décharge ou réduction.

MODÈLE N° 24. — *Décès d'un patentable avant le 1er janvier.*

Pièces à joindre :
1° Feuille d'avertissement ;
2° Quittance des termes échus.

Délai de réclamation :
(Dans les trois mois de la publication du rôle.)

Le soussigné (*ou la soussignée*) a l'honneur de porter à votre connaissance que son père (*mari, fils, etc.*), imposé à la patente comme exerçant la profession de..., est décédé le..., et que toutes les opérations relatives à son commerce ont cessé dans le mois de...

Il demande, en conséquence, décharge de la patente indûment maintenue au rôle, sous l'article... pour la présente année.

MODÈLE N° 25. — *Décès d'un patentable après le 1er janvier.*

Pièces à joindre :
1° Feuille d'avertissement ;
2° Quittance des termes échus.

Délai de réclamation :
(Dans les trois mois qui suivent le décès.)

Le soussigné (*ou la soussignée*) a l'honneur de vous faire connaître que son père (*mari, fils, etc.*), imposé à la patente sous l'article..., comme exerçant la profession de..., est décédé le..., et que toutes les opérations relatives à son commerce ont cessé dans le mois de...

Il demande le dégrèvement de ladite patente, à partir du 1er du mois qui a suivi la cessation des opérations précitées.

Modèle n° 26. — *Cessation de profession avant le 1er janvier.*

Pièces à joindre :	Délai de réclamation :
1° Feuille d'avertissement ;	(Dans les trois mois de la publi-
2° Quittance des termes échus.	cation du rôle.)

Le soussigné a l'honneur de vous exposer qu'il a renoncé le... à la profession de..., pour laquelle il est imposé, et qu'il n'exerce aucune autre profession imposable.

Il demande décharge de la patente pour laquelle il figure au rôle de la présente année.

Modèle n° 27. — *Ouvrier travaillant sans compagnon ni apprenti.*

Pièces à joindre :	Délai de réclamation :
1° Feuille d'avertissement ;	(Dans les trois mois de la publi-
2° Quittance des termes échus.	cation du rôle.)

Le soussigné, imposé à la patente en qualité de... (*menuisier, charron, maréchal-ferrant, sabotier, bourrelier, serrurier, cordonnier, maçon,* etc.), a l'honneur de vous exposer qu'il travaille sans compagnon ni apprenti (*ou qu'il travaille sans autre compagnon ni apprenti que sa femme, ou ses enfants non mariés, ou avec un apprenti âgé de moins de seize ans*), et que, dans ces circonstances, il demande la décharge des droits de patente qui lui sont indûment attribués.

Modèle Nᵒ 28. — *Cession d'établissement postérieure au 1ᵉʳ janvier.*

Pièces à joindre :	Délai de réclamation :
1ᵒ Feuille d'avertissement ;	(Dans les trois mois qui suivent
2ᵒ Quittance des termes échus.	la cession.)

Le soussigné a l'honneur de vous exposer qu'il a cédé son établissement au sieur (*nom et prénoms du cessionnaire*), à partir du mois de... de cette année, et qu'il n'exerce plus aucune profession imposable.

Il demande le transfert des droits de patente à son successeur à dater de l'époque sus-indiquée.

Modèle Nᵒ 29. — *Exagération de valeur locative.*

Le soussigné a l'honneur de vous exposer que la valeur locative de..., qui sert de base au droit proportionnel de sa patente, est exagérée, attendu que son loyer n'est que de..., ainsi qu'il peut en justifier.

Il demande, en conséquence, une réduction du droit proportionnel de sa patente.

Nota. — Le réclamant peut encore dire : *que les locaux qu'il occupe, et dont il est propriétaire, ne pourraient se louer plus de...; —* ou encore : *qu'il sous-loue une partie des appartements, ou divers locaux, compris dans son bail.*

Demandes en remise ou modération.

Modèle n° 30. — *Non-réussite ou pertes éprouvées dans le commerce.*

Pièces à joindre :
1° Feuille d'avertissement ;
2° Quittance des sommes déjà payées.

Délai de réclamation :
(Pas de délai fatal.)

J'ai l'honneur de vous exposer que, par suite de pertes considérables éprouvées dans mon commerce, je me trouve dans un grand état de gêne, qui ne me permet pas d'acquitter le montant de ma cotisation.

Permettez-moi, dans cette malheureuse circonstance, de vous prier très-humblement de vouloir bien me faire accorder le dégrèvement des droits de patente qui restent à ma charge.

Modèle n° 31. — *Indigence.*

Pièces à joindre :
Feuille d'avertissement.

Délai de réclamation :
(Sans délai fatal, mais le plus tôt possible à partir du commencement de l'année.)

J'ai l'honneur de vous exposer que mon commerce, sans importance, ne me donne que des bénéfices très-minimes et me laisse dans un état d'indigence notoire.

J'ose donc espérer que vous prendrez en considération ma position réellement nécessiteuse et que vous voudrez bien me faire accorder la remise de ma patente.

Nota. — Les réclamations de l'espèce ne peuvent guère être produites que par certains petits détaillants, dont le commerce n'exige pas, à proprement parler, une mise de fonds.

TAXE DES PRESTATIONS.

Demandes en décharge ou réduction.

Modèle Nº 32. — *Changement de résidence antérieur au 1ᵉʳ janvier.*

Pièces à joindre :
1° Feuille d'avertissement ;
2° Quittance des termes échus.

Délai de réclamation :
(Dans les trois mois de la publication du rôle.)

Le soussigné a l'honneur de vous exposer qu'il est indûment imposé à la taxe des prestations dans la commune de..., attendu qu'il a quitté cette commune le... (*antérieurement au 1ᵉʳ janvier*) et qu'il n'y a conservé aucun élément imposable.

Il demande décharge de la susdite taxe.

Modèle Nº 33. — *Prestataire ayant plus de 60 ans.*

Pièces à joindre :
1° Feuille d'avertissement ;
2° Quittance des termes échus ;
3° Extrait de l'acte de naissance, ou un certificat du maire indiquant le lieu et la date de la naissance.

Délai de réclamation :
(Dans les trois mois de la publication du rôle.)

Le soussigné a l'honneur de vous exposer qu'il est né le..., ainsi que le constate le certificat ci-joint, et que, par conséquent, il avait atteint sa soixantième année avant le 1ᵉʳ janvier dernier.

Il demande le dégrèvement de... journées de prestations, pour lesquelles il est personnellement imposé.

MODÈLE N° 34. — *Membre de la famille ou serviteur ayant plus de 60 ans ou moins de 18 ans.*

Pièces à joindre :
(Voir n° 33.)

Délai de réclamation :
(Voir n° 33.)

Le soussigné a l'honneur de vous exposer que son fils (*ou l'un de ses fils, ou son père, ou son frère, ou son neveu, ou son serviteur, ou l'un de ses serviteurs*), pour lequel il est imposé à la prestation, est né le..., ainsi que le constate le certificat ci-joint, et que, par conséquent, il avait atteint sa soixantième année (*ou il n'avait pas atteint sa dix-huitième année*) à l'époque du 1er janvier dernier.

Il demande une réduction de... journées de prestation.

MODÈLE N° 35. — *Contribuable indûment imposé pour un homme à la journée ou à la tâche.*

Pièces à joindre :
1° Feuille d'avertissement;
2° Quittance des termes échus.

Délai de réclamation :
(Dans les trois mois de la publication du rôle.)

Le soussigné a l'honneur de vous exposer qu'il est indûment imposé à la prestation pour un serviteur, attendu que la personne qu'il occupe n'est pas son domestique, mais qu'elle travaille chez lui à la journée (*ou à la tâche*), et qu'elle est d'ailleurs elle-même imposée nominativement au rôle des prestations.

Il sollicite le dégrèvement de... journées d'homme.

MODÈLE N⁰ 36. — *Cheval* (ou autre animal imposable)
péri ou vendu avant le 1ᵉʳ janvier.

Pièces à joindre :
1° Feuille d'avertissement ;
2° Quittance des termes échus.

Délai de réclamation :
(Dans les trois mois de la publication du rôle.)

Le soussigné a l'honneur de vous exposer que le
cheval (*ou un animal imposable quelconque*) à
raison duquel il est imposé à la taxe des prestations
a péri (*ou a été vendu*) le... (*avant le premier janvier*).

Il demande décharge de la somme afférente à...
journées de cheval (*et de voiture, s'il y a une voiture qui, par suite de la vente ou de l'accident de
l'animal, a cessé d'être attelée*).

MODÈLE N⁰ 37. — *Membre de famille ou serviteur parti
avant le 1ᵉʳ janvier.*

Pièces à joindre :
1° Feuille d'avertissement ;
2° Quittance des termes échus.

Délai de réclamation :
(Dans les trois mois de la publication du rôle.)

Le soussigné a l'honneur de vous exposer que son
fils (*ou l'un de ses fils, ou son neveu, ou son père, ou
son frère, ou son serviteur*), qui figure dans sa cote
des prestations pour... journées d'homme, a quitté
la commune le... (*avant le 1ᵉʳ janvier*).

Il demande, en conséquence, une réduction de...
journées d'homme.

TAXE SUR LES CHIENS.

Demandes en décharge ou réduction.

Modèle n° 38. — *Chien indûment imposé d'office.*

Pièces à joindre :
1° Feuille d'avertissement ;
2° Quittance des termes échus.

Délai de réclamation :
(Dans les trois mois de la publication du rôle.)

Le soussigné a l'honneur de vous exposer qu'il est indûment imposé pour un chien non déclaré, attendu qu'il n'est possesseur dudit chien que depuis le... (*époque postérieure au 1er janvier*).

Il sollicite la décharge de la triple taxe qui lui est attribuée.

Modèle n° 39. — *Chien taxé dans deux communes.*

Pièces à joindre :
1° Feuilles d'avertissement ;
2° Quittance des termes échus.

Délai de réclamation :
(Dans les trois mois de la publication du rôle.)

Le soussigné a l'honneur de vous exposer qu'il possède un chien qui gîte habituellement et se trouvait notamment, à l'époque du 1er janvier dernier, dans la commune de..., où il chasse (*ou dans laquelle il fait garder des troupeaux*); qu'il est imposé dans ladite commune pour le chien dont il s'agit, en vertu de sa déclaration ;

Que, néanmoins, il a été taxé pour le même chien dans la commune de..., où il a bien son domicile, mais où son chien ne le suit jamais (*ou ne l'y suit qu'accidentellement*).

Il demande décharge de la triple taxe dont il est frappé.

MODÈLE Nº 40. — *Chien de deuxième catégorie, imposé dans la première.*

Pièces à joindre :
1º Feuille d'avertissement ;
2º Quittance des termes échus.

Délai de réclamation :
(Dans les trois mois de la publication du rôle.)

Le soussigné a l'honneur de vous exposer que c'est par erreur qu'il est imposé, contrairement à sa déclaration, pour un chien de première catégorie, attendu que le chien qu'il possède est exclusivement employé à la garde de son habitation (*ou de son magasin, de son atelier, etc., etc.*), et n'appartient qu'à la deuxième catégorie.

Il vous prie de vouloir bien faire réduire sa taxe à la somme de..., afférente aux chiens de la deuxième catégorie.

FIN.

TABLE DES MATIÈRES.

EXTRAIT DU CATALOGUE

DE LA

LIBRAIRIE CH. DELAGRAVE ET Cⁱᵉ,

ÉDITEURS A PARIS, 58, RUE DES ÉCOLES,

ET A BRUXELLES, 25, RUE DE LA MADELEINE.

DICTIONNAIRES.

DICTIONNAIRE GÉNÉRAL DE BIOGRAPHIE ET D'HISTOIRE, de Mythologie, de Géographie ancienne et moderne, par MM. Ch. Dezobry, Th. Bachelet et une Société de littérateurs, de professeurs et de savants. 1 vol. grand in-8ᵘ jésus. Prix, broché.   25 »

Demi-reliure, chagrin ou veau, en sus.   7 50

ATLAS COMPLÉMENTAIRE du Dictionnaire de Biographie, d'Histoire et de Géographie. 35 magnifiques cartes par M. Périgot. Prix, broché.   8 »

La demi-reliure, veau ou chagrin, se paye en sus.

DICTIONNAIRE GÉNÉRAL DES LETTRES, des Beaux-Arts, des Sciences morales et instructives, par MM. Th. Bachelet, Ch. Dezobry et une Société de littérateurs, d'artistes, de publicistes et de savants. 1 vol. grand in-8° jésus, figures dans le texte. Prix, broché.   25 »

Demi-reliure, chagrin ou veau, en sus, 6 fr. en deux volumes ; 4 fr. 50 en un volume.

DICTIONNAIRE GÉNÉRAL DES SCIENCES théoriques et appliquées, par MM. Privat-Deschanel et Ad. Focillon, avec la collaboration de savants, d'ingénieurs et de professeurs. 1 vol. in-8° jésus, avec plus de 4,000 figures dans le texte. Prix, broché.   32 »

DICTIONNAIRE GÉNÉRAL DE LA LANGUE FRANÇAISE, biographique, historique, géographique, mythologique, terminé par une liste des citations ou locutions latines, italien-

nes ou anglaises, le plus fréquemment employées par les
Français dans leur conversation ou dans leurs écrits, par
M. J. GUÉRARD, directeur des études à Sainte-Barbe, et
SARDOU, auteur d'ouvrages classiques. 1 fort vol. in-18
raisin. Prix, cartonné.   2 60

Le même Dictionnaire abrégé. 1 fort vol. in-18 carré.
Prix, cartonné.   2 »

LOI, MORALE, ÉCONOMIE.

RECUEIL DE CITATIONS MORALES des meilleurs écrivains,
surtout contemporains, mises par ordre alphabétique, ou
Encyclopédie morale, par E. LOUBENS. 1 vol. de 900 pages
à deux colonnes, grand in-8° jésus.   6 »

La reliure en percaline anglaise, 1 fr. 50; — en demi-
chagrin, 2 fr. 70; — avec tranches dorées, 3 fr. 90.

DES EAUX PUBLIQUES. Aménagement, distribution, application aux besoins des grandes villes, des communes et des
habitations rurales, par G. GRIMAUD DE CAUX. 1 vol. in-8°
(*ouvrage couronné par l'Institut*). Prix, broché.   6 »

**ÉLÉMENTS D'ÉCONOMIE RURALE INDUSTRIELLE ET COM-
MERCIALE**, par H. BAUDRILLART, de l'Institut. 1 vol. in-12.
Prix, broché.   3 50

LA MORALE, par JANET, de l'Institut. 1 vol. in-12. Prix,
broché, 2 fr. 75; relié.   4 »

MANUEL POPULAIRE DE MORALE ET D'ÉCONOMIE POLITIQUE
(*ouvrage couronné par l'Institut*), par J.-J. RAPET. 1 vol.
in-12, broché.   3 50

VADE-MECUM DU STATISTICIEN, par LEVASSEUR, de l'Institut.
1 vol. in-12.   1 50

LÉGISLATION FRANÇAISE, ÉLÉMENTAIRE ET PRATIQUE. Droit
civil, commercial, administratif, pénal, avec un formulaire
d'actes usuels, par Ch. BONNE, docteur en droit. 1 vol.
in-12.   3 75

Cartonné à l'anglaise.   4 50

COURS DE LÉGISLATION USUELLE, par LE MÊME. 1 vol. in-12.
                                                         1 80

LEÇONS ÉLÉMENTAIRES DE DROIT COMMERCIAL, par LE
MÊME. 1 vol. in-18.   1 »

CONSEILS AUX VENDEURS ET ACQUÉREURS D'IMMEUBLES,
par LE MÊME. Brochure.   » 40

ÉTUDE SUR LE MORCELLEMENT DE LA PROPRIÉTÉ, par LE
MÊME. Brochure.   » 75

PREMIERS ÉLÉMENTS DE DROIT USUEL ET PRATIQUE (pour l'enseignement secondaire spécial), par LE MÊME. 1 vol. in-12, cartonné. » 75

COURS ÉLÉMENTAIRE ET PRATIQUE DE MORALE, par LE MÊME. 1 vol. in-12, cartonné. » 75

DICTIONNAIRE DE DROIT PRATIQUE, pour les ouvriers, par H. DABOT, docteur en droit. 1 vol. 1 »

EXPLICATION DE LA LOI MILITAIRE DU 1er FÉVRIER 1868, sur le recrutement de l'armée et de la garde nationale mobile, avec les textes des lois précédentes qui s'y rattachent, par Hipp. GAUTIER, docteur en droit. 1 vol. in-12. 1 25

HISTOIRE ET GÉOGRAPHIE.

LA FRANCE ET SES COLONIES (climat, sol, politique, agriculture, industrie, commerce, administration, population), par E. LEVASSEUR, de l'Institut. 1 vol. in-12, illustré. 3 »
— Atlas correspondant (27 cartes), par E. LEVASSEUR et PÉRIGOT. 3 »

LES COLONIES FRANÇAISES (géographie, histoire, productions, administration et commerce), par J. RAMBOSSON. 1 fort vol. in-8°, avec 7 cartes. 7 50

LA FRANCE, livre de lecture pour les écoles (aspect, géographie, histoire, administration, agriculture, industrie, commerce, grands hommes, hommes utiles), par E. MANUEL et L. ALVARÈS. 4 vol. in-12. 4 80

HISTOIRE CONTEMPORAINE, par C.-A. DAUBAN. 3 vol. in-12. 6 75

HISTOIRE DE FRANCE, par G. OZANEAUX. 2 vol. in-12, illustrés et avec cartes. 7 50

HISTOIRE DE FRANCE, par HUBAULT et MARGUERIN. 1 vol. in-12. 3 50

LES GRANDES ÉPOQUES DE LA FRANCE, par LES MÊMES. 2 vol. in-12. 3 50

SIMPLES RÉCITS DE L'HISTOIRE DE FRANCE, par LES MÊMES. 1 vol. in-12. 1 80

BIOGRAPHIES DES PERSONNAGES ILLUSTRES DE LA FRANCE, par DUMOUCHEL. 1 vol. 2 »

HISTOIRE DE LA RELIGION AVANT LA VENUE DE J.-C., par LHOMOND. 1 vol. 1 05

VIE ET VOYAGES DE N.-S. J.-C., par EDOM. 1 vol. 2 »

HISTOIRE SAINTE, par Riquier et Combes. 1 vol. avec vignettes.   1 »

HISTOIRE SAINTE ABRÉGÉE, par Edom. 1 vol. avec vignettes.   » 75

MYTHOLOGIE (pour la jeunesse), par Riquier et Tivier. 1 vol. avec vignettes.   1 25

ATLAS.

ATLAS CLASSIQUE DE GÉOGRAPHIE physique et politique, ancienne et moderne, par Ch. Périgot. 1 vol. de 79 cartes gravées sur acier et coloriées, grand in-4°, cartonné. 12 »

ATLAS PHYSIQUE ET POLITIQUE DE LA FRANCE ancienne et moderne, par le même. 1 vol. in-4°, 26 cartes coloriées. 5 50

PETIT ATLAS DE GÉOGRAPHIE CONTEMPORAINE, par le même. 25 cartes coloriées.   1 50

PREMIER ATLAS DE L'ENFANCE, par le même. 9 cartes coloriées.   » 75

ATLAS DE GÉOGRAPHIE MODERNE, 21 cartes coloriées avec une page de notices en regard de chaque carte (y compris la carte d'un département de la France, au choix), par Ch. Périgot.   » 90

ATLAS GÉNÉRAL DES DÉPARTEMENTS DE LA FRANCE, par Braud et Loiseau, 101 cartes avec notices en regard. 1 vol. in-4° oblong.   5 »

AGRICULTURE.

ÉLÉMENTS DE ZOOTECHNIE (les races chevalines et les races bovines en France), par Guy de Charnacé. 2 vol. illustrés.   1 50

PRAIRIES ARTIFICIELLES, par M. Isidore Pierre, membre correspondant de l'Institut, professeur de chimie près la Faculté des sciences de Rennes. 2ᵉ édition. 1 vol.   1 »

CHIMIE APPLIQUÉE A L'AGRICULTURE, par M. F. Malaguti, membre correspondant de l'Institut, recteur de l'Académie de Rennes. 3 beaux vol.   10 »

CHIMIE AGRICOLE. Lectures pour les Ecoles, par H. Fabre. 1 vol. avec figures.   1 20

ARITHMÉTIQUE AGRICOLE, par le même. 1 vol.   1 25

LES VEILLÉES DE LA FERME DE TOURNEBRIDE, ou entretiens sur l'agriculture, l'exploitation des produits agricoles et

l'arboriculture, par M. de VARENNES (P. Joigneaux). 1 vol,
avec figures. 1 25

LES RAVAGEURS. Entretiens sur les insectes nuisibles, par
H. FABRE. 1 vol. avec figures. 1 20

LES AUXILIAIRES. Entretiens sur les insectes utiles, par LE
MÊME. (*En préparation.*)

ÉLÉMENTS D'AGRICULTURE pour les écoles rurales, par
P. MÉHEUST, avec une carte et de nombreuses figures. 1 vol.
1 20

L'HORTICULTURE dans les écoles primaires, par J. BIDAULT.
1 vol. avec figures. 1 50

DES VACHES LAITIÈRES, par Eug. TISSERAND. 1 vol. avec
figures. 1 50

COURS D'APICULTURE. par II. HAMET. 1 vol. 3 50

BIBLIOTHÈQUE DE L'AGRICULTURE,

SOUS LA DIRECTION DE J.-A. BARRAL.

LES MÉRINOS, par Emile BAUDEMENT, précédés de considéra-
tions sur l'espèce ovine, par GUY DE CHARNACÉ. 1 vol. avec
figures. 2 »

ANIMAUX ET PLANTES A IMPORTER ET A DOMESTIQUER
dans l'Europe moyenne, par SACC. 1 vol. avec figures. 2 »

PRINCIPES DE ZOOTECHNIE, par E. BAUDEMENT. 1 vol. avec
figures. 2 »

MORTALITÉ, HYGIÈNE ET ALIMENTATION DU BÉTAIL, par
GOBIN, professeur de zootechnie à l'Ecole imp. de Grignon.
1 vol. 2 »

LA CULTURE DU HOUBLON, par JOURDEUIL. 1 vol. avec fig. 2 »

LECTURES INSTRUCTIVES POUR LES ÉCOLES.

FORMAT IN-12.

LE LIVRE D'HISTOIRES. Récits scientifiques de l'oncle Paul
à ses neveux, par J.-Henri FABRE, prof. au lycée d'Avignon.
1 vol. orné de vignettes. 1 50

SIMPLES NOTIONS DE PHYSIQUE ET D'HISTOIRE NATURELLE,
par Laurent de JUSSIEU. Nouv. édition refondue et illustrée.
1 vol. avec vignettes. 1 20

LE LIVRE DE LECTURE des Ecoles et des Familles (agriculture,

industrie, science, morale, histoire), par Emile CHASLES.
2 vol.   3 »

CHOIX DE LECTURES POUR L'ANNÉE, avec exercices et notes,
par C. HANRIOT, inspecteur d'Académie. 1 vol.   1 50

MENUS PROPOS SUR LES SCIENCES, par Félix HÉMENT (édition
in-12). 1 vol.   2 »

PETIT-JEAN (morale, histoire, sciences physiques, industrie),
par C. JEANNEL, professeur à la Faculté des lettres de Montpellier. 1 vol.   1 50

CHIMIE AGRICOLE, par J.-Henri FABRE, professeur au lycée
d'Avignon. 1 vol. avec figures.   1 20

LE CIEL, par LE MÊME. 1 vol. avec figures.   2 »

LA TERRE, par LE MÊME. 1 vol. avec figures.   2 »

LA PHYSIQUE, lectures élémentaires, par LE MÊME. 1 vol. avec
figures.   2 »

LES VEILLÉES DE LA FERME DE TOURNEBRIDE, par P. de
VARENNES (P. Joigneaux). 1 vol. avec figures.   1 25

LA CULTURE ET LA VIE DES CHAMPS, par J. BODIN. 1 vol. 1 »

A B C D'ANATOMIE ET DE PHYSIOLOGIE VÉGÉTALES, par
E. FERET. 1 vol.   » 75

ENTRETIENS FAMILIERS d'un instituteur sur les insectes nuisibles, par A. YSABEAU. 1 vol.   » 90

ENTRETIENS FAMILIERS sur les insectes utiles, par LE MÊME.
1 vol.   » 90

LA FRANCE (aspect, histoire, administration, agriculture, industrie, commerce, hommes utiles, etc.), par E. MANUEL et
L. ALVARÈS. 4 vol.   4 80

FORMAT IN-18.

HERBIER AGRICOLE ou Description des plantes les plus communes, avec environ 110 *figures*, par J. BODIN. 1 vol. » 80

PREMIERS ÉLÉMENTS D'INDUSTRIE MANUFACTURIÈRE ou
simples notions sur les procédés en usage pour préparer
les objets nécessaires à la nourriture, au logement, à l'ha-
billement et à l'instruction de l'homme, par Paul LEGUIDRE.
1 vol. avec figures dans le texte.   » 90

NOTIONS D'AGRICULTURE à l'usage des écoles rurales, par
R. GUILLEMOT. 1 vol. avec figures.   » 70

**CONSEILS AUX JEUNES FILLES QUI VEULENT DEVENIR FER-
MIÈRES**, par J. BODIN. 1 vol.   » 60

LECTURES ET PROMENADES AGRICOLES, par LE MÊME. 1 vol.
                                                         » 60

OUVRAGES DIVERS DE SCIENCES NATURELLES.

FORMAT IN-8°.

ÉLÉMENTS DE CHIMIE MINÉRALE, par le docteur F. HOEFER.
1 vol. 4 »

LEÇONS D'HISTOIRE NATURELLE (zoologie et botanique), par
L. DOYÈRE. 2 vol. 7 50

LES PLANTES VÉNÉNEUSES, par GODET, avec 26 planches
coloriées. 4 »

MENUS PROPOS SUR LES SCIENCES, par Félix HÉMENT. 1 vol.
illustré. 5 »

TRAITÉ ÉLÉMENTAIRE DE PHYSIQUE, par PICHOT et LECHAT.
1 vol. avec figures. » »

FORMAT IN-12.

NOTIONS DE CHIMIE USUELLE, par Isidore PIERRE, membre
correspondant de l'Institut, avec figures. 7 50

COURS DE CHIMIE, par F. MALAGUTI et H. FABRE, d'après
les programmes de l'enseignement secondaire spécial. 3 vol.,
avec figures. 10 »

COURS DE PHYSIQUE, par H. FABRE, d'après les programmes
de l'enseignement secondaire spécial. 3 vol., avec fig. 11 »

COURS ÉLÉMENTAIRE DE PHYSIQUE, par A. FOCILLON, avec
figures. 4 »

COURS ÉLÉMENTAIRE DE CHIMIE, par A. FOCILLON et PRIVAT-
DESCHANEL, avec figures. 4 50

TRAITÉ DE PHYSIQUE, par PRIVAT-DESCHANEL, avec fig. 4 50

PREMIÈRES NOTIONS DE MÉTÉOROLOGIE, par Félix HÉMENT,
avec figures. 1 50

MENUS PROPOS SUR LES SCIENCES, par LE MÊME. 1 vol. 2 »

PREMIÈRES NOTIONS D'HISTOIRE NATURELLE, par LE MÊME.
1 vol., avec figures. 2 25

PREMIÈRES LEÇONS D'HISTOIRE NATURELLE, par A. FOCIL-
LON, avec figures. 2 50

ÉLÉMENTS D'HISTOIRE NATURELLE, par C. de MONTMAHOU
(physiologie, zoologie, botanique), 3 vol., avec fig. 6 »

LEÇONS DE PHYSIQUE, par P. DESAINS. 2 vol., avec fig. 14 »

LEÇONS DE PHYSIQUE appliquée à l'industrie, par P. POIRÉ.
1 vol., avec figures. 4 »

LEÇONS DE CHIMIE appliquée à l'industrie, par LE MÊME. 1 vol., avec figures.   4 »

LEÇONS DE PHYSIQUE pour les demoiselles, par LE MÊME. 1 vol., avec figures.   4 »

NOTIONS DE CHIMIE pour les demoiselles, par LE MÊME. 1 vol., avec figures.   3 »

LEÇONS ÉLÉMENTAIRES DE CHIMIE, par MALAGUTI. 4 vol., avec figures.   16 »

LES CURIOSITÉS SCIENTIFIQUES DE L'ANNÉE, par Ch. GAUMONT, F. HÉMENT, Victor MEUNIER, Stanislas MEUNIER, Aristide ROGER, Paul de RÉMUSAT. Publication annuelle commencée en décembre 1867. Chaque année forme 1 vol. in-12. Prix de chaque vol. broché.   1 »

ENCYCLOPÉDIE HYGIÉNIQUE DE LA FAMILLE,

PAR LE Dr J.-B. FONSSAGRIVES,

Professeur à la Faculté de médecine de Montpellier.

VOLUMES IN-12.

ENTRETIENS FAMILIERS SUR L'HYGIÈNE.   3 50
LE ROLE DES MÉRES dans les maladies des enfants (342 pages).   3 50

L'ÉDUCATION PHYSIQUE DES JEUNES FILLES ou avis aux mères sur la manière de diriger leur santé et leur développement (338 pages).   3 50

L'ÉDUCATION PHYSIQUE DES GARÇONS ou avis aux pères sur l'art de diriger leur santé et leur développement (400 pages environ).   3 50

LIVRET MATERNEL pour prendre des notes sur la santé des enfants (sexe masculin).   1 25

LIVRET MATERNEL pour le sexe féminin.   1 25

MUSIQUE ET CHANT.

CHANTS POUR LES SALLES D'ASILE, avec les airs notés, par UNE SŒUR, directrice de salles d'asile. In-8, prix.   1 50

PETITE GRAMMAIRE MUSICALE, par M. MOUZIN, directeur du Conservatoire, président de l'Orphéon et membre de l'Académie impériale de Metz.

PARTIE THÉORIQUE. *Livre de l'élève.* 1 vol. in-18 jésus, broché.   » 75

PARTIE THÉORIQUE. *Livre du maître*. 1 vol. in-18 jésus, broché.
1 50

PARTIE PRATIQUE. *Solfége gradué*. 103 leçons à une, deux ou trois voix, sur toutes les clés. 1 vol. in-8 jésus, broché.
6 »

COMPTABILITÉ.

DIVERS TRAITÉS DE COMPTABILITÉ, par M. H. VANNIER, professeur de comptabilité à l'École supérieure de commerce et au lycée Charlemagne.

TENUE DES LIVRES des commerçants et des commissionnaires. 1 vol. in-18 jésus. 2 45

COMPTABILITÉ générale des négociants, des armateurs et des associés de tous les pays. 1 gros vol. in-18 jésus. 5 50

MATÉRIEL D'ÉTUDES.

Fournitures de classe et de bureau

ARTICLES POUR DESSIN, PEINTURE ET MUSIQUE, GÉOMÉTRIE, ARPENTAGE ET GÉODÉSIE.

Albums, Alidades, Boussoles, Cahiers, Cercles géodésiques, Chaînes d'arpenteur, Compas, Couleurs, Crayons, Echelles de réduction, Encre, Equerres, Figures géométriques (solides ou planes), Graphomètres, mètre et mesures, Niveaux, Palettes, Pastels, Pinceaux, Plumes, Portefeuilles, Presses coup-de-poing, Presses timbre sec, Presses à copier, Presses timbre humide à levier, Rapporteurs, Règles, Sténographe, Toile à calquer, etc.

Voir le catalogue spécial du *matériel*. Ce catalogue est envoyé *gratis* sur demande affranchie.

ÉTUDES DE STYLE.

FORMAT IN-12.

PRINCIPES DE RHÉTORIQUE ET DE LITTÉRATURE, appliqués à l'étude du français, par A. DIDIER. 1 vol. 1 50

PRINCIPES DE COMPOSITION ET DE STYLE, appliqués à la narration et au style épistolaire, par TALBOT, professeur de rhétorique au collège Rollin. 1 vol. 1 25

LEXICOLOGIE FRANÇAISE, ou Traité méthodique du Sens précis des mots, théorie et applications; ouvrage destiné aux personnes qui ignorent les langues anciennes, et aux étrangers qui veulent acquérir une intelligence plus parfaite de la langue française, par A.-L. SARDOU. 1 vol.   1 50

COURS ÉLÉMENTAIRE DE RHÉTORIQUE ET D'ÉLOQUENCE, à l'usage des classes, par l'abbé J. VERNIOLLES, supérieur du petit séminaire de Servières. 1 vol.   2 50

COURS ABRÉGÉ DE LITTÉRATURE, à l'usage des établissements où l'on n'étudie pas les langues anciennes, par LE MÊME. 1 vol.   2 50

TRAITÉ DE L'ART ÉPISTOLAIRE, par LE MÊME. 1 vol.   2 »

DU STYLE ET DE LA COMPOSITION LITTÉRAIRE, par Antonin ROCHE. 1 vol.   3 »

RECUEIL DE COMPOSITIONS FRANÇAISES, avec des conseils sur chaque genre, par SAUCIÉ et GUILLEMOT, agrégés de l'Université. 2 vol.   3 50

COURS DE STYLE ET DE COMPOSITION FRANÇAISE, par L.-C. MICHEL, professeur de littérature française à l'école Turgot. 4 vol.   6 20

COURS DE COMPOSITION FRANÇAISE, par GUÉRARD, agrégé de l'Université, directeur des études à Sainte-Barbe. 1 vol.   2 50

COMPOSITIONS FRANÇAISES, par AUBERTIN. 1 vol.   1 50

DIALOGUES SUR L'ÉLOQUENCE et Lettres sur les occupations de l'Académie française, sur Homère et sur les anciens, par FÉNELON (édition annotée de E. Despois). 1 vol.   1 25

EXERCICES DE COMPOSITION LITTÉRAIRE, par F. FRANCK. 1 vol.   3 25

LECTURES LITTÉRAIRES POUR LES ECOLES.

FORMAT IN-12.

CHOIX DE LECTURES POUR L'ANNÉE, avec Exercices et Notes par HANRIOT, inspecteur d'Académie. 1 vol.   1 50

LECTURES CHOISIES DE MORALE ET DE LITTÉRATURE, avec Notes par E. DUTHAR. 1 vol.   1 50

LE LIVRE DE LECTURE DES ÉCOLES PRIMAIRES, avec Notes, par L. DUHAMEL. 1 vol.   1 »

MOSAIQUE FRANÇAISE, Narrations historiques ou oratoires, tableaux, caractères, portraits et récits, avec Notes par SAUCIÉ et GUILLEMOT. 1 vol.   1 25

RECUEIL DE MORCEAUX CHOISIS de prose et de vers, avec Notes par MARGUERIN et L.-C. MICHEL.   3 »

MORCEAUX CHOISIS des meilleurs prosateurs français du second ordre, aux seizième, dix-septième et dix-huitième siècles, avec notes par A. THÉRY. 1 vol. 3 »

THÉATRE CLASSIQUE (Le Cid, Horace, Cinna, Polyeucte, le Misanthrope, Esther, Athalie, Britannicus), avec variantes, notes de tous les commentateurs, texte des imitations, analyses, notices. 1 vol. 2 50

LES PROSATEURS FRANÇAIS. Morceaux choisis, avec notices, par A. ROCHE. 1 vol. 4 »

LES POETES FRANÇAIS. Morceaux choisis, avec notices, par LE MÊME. 1 vol. 3 50

PRÉCIS DE LITTÉRATURE ANCIENNE, par BOUCHOT. 1 vol. 2 50

FORMAT IN-18.

NOUVEAUX CHOIX DE POÉSIES pour le jeune âge, par J. POXSARD. 1 vol. » 75

LE FABLIER DES ÉCOLES, Choix de fables par J. PORCHAT.

— 1re partie : *La Fontaine.* 1 vol. » 60

— 2e partie : *Florian* et les autres fabulistes. 1 vol. » 60

LES PREMIÈRES LEÇONS PAR CŒUR, extraites de nos meilleurs poëtes, par Aug. BRAUD. 1 vol. » 70

LES SECONDES LEÇONS PAR CŒUR, choix de fables et de poésies, par LE MÊME. 1 vol. » 90

FABLES DE FÉNELON, avec notes par MICHEL. 1 vol. » 60

FABLES DE LA FONTAINE, avec notes extraites des meilleurs critiques. 1 fort vol. 1 25

MORCEAUX CHOISIS DE FÉNELON, par J. DIDIER. 1 fort vol. » 60

LECTURES MORALES POUR LA JEUNESSE.

VOLUMES IN-12.

Contes, historiettes et récits.

PETIT JEAN, par C. JEANNEL, professeur de la faculté des lettres de Montpellier. 1 vol. 1 50

TROIS MOIS SOUS LA NEIGE. Journal d'un jeune habitant du Jura, par J.-J. PORCHAT. 1 vol. » 90

Le même avec vignettes. 1 »

SIMON DE NANTUA, ou le marchand forain, par LAURENT DE JUSSIEU. 1 vol.   1 50

PIERRE VALDEY, ou le bon fils, par DE LA BONNEFON. 1 vol. 1 50

Leçons et exemples.

LA MORALE EN EXEMPLES, par Emile CHASLES. 1 vol.   1 50

MANUEL DE MORALE PRATIQUE à l'usage des écoles, par Emile LOUBENS. 1 vol.   1 50

LEÇONS ET EXEMPLES DE MORALE CHRÉTIENNE, par Laurent de JUSSIEU. 1 vol.   1 50

HISTOIRES ET CAUSERIES MORALES ET INSTRUCTIVES, pour les jeunes filles chrétiennes, par Laurent de JUSSIEU. 1 vol.   1 50

ENTRETIENS FAMILIERS d'une Institutrice avec ses élèves, par Mme Paul CAILLARD. 1 vol.   1 50

ÉLÉMENTS DE MORALE, par J. CARRÉ. 1 vol.   1 »

ÉLÉMENTS DE MORALE, par JANET (de l'Institut). 1 vol. 2 75

COURS ÉLÉMENTAIRE ET PRATIQUE DE MORALE, par Ch. BONNE. 1 vol.   » 75

MANUEL POPULAIRE DE MORALE ET D'ÉCONOMIE POLITIQUE, par J.-J. RAPET. (Ouvrage couronné par l'Institut ; grand prix de 10,000 fr.) 1 vol.   3 50

LE FABULISTE DE LA FAMILLE. Choix de fables groupées autour de l'idée morale qu'elles renferment, par V. MULLER. 1 vol.   1 50

VOLUMES IN-18.

LA SAGESSE DU HAMEAU. Entretiens d'un aïeul et de ses petits-enfants sur la famille, l'autorité paternelle, le travail, la propriété, les riches et les pauvres, par J.-J. PORCHAT. 1 vol.   » 60

LA SEMAINE DE L'ADOLESCENT, par GUILLEMOT. 1 vol.   » 60

TROIS MOIS SOUS LA NEIGE, Journal d'un jeune habitant du Jura, par J.-J. PORCHAT. Edition in-18. 1 vol.   » 60

CE QUE C'EST QUE LE DEVOIR, par Ch. BONNE. 1 vol.   » 60

LE LIVRE DES PREMIÈRES LECTURES, par J. SALMON. 1 vol.   » 60

LA SEMAINE DE L'ENFANT. Recueil d'histoires morales, suivi de fables et de prières, par GUILLEMOT. 1 vol.   » 50

NOUVELLES ÉTRENNES DE L'ENFANCE, historiettes morales

illustrées à la portée du premier âge, par Valade-Gabel.
1 vol. in-18. » 75

PETITES LECTURES VARIÉES pour les enfants des deux sexes,
par Mme Pape-Carpentier, lauréat de l'Académie française.
1 vol. » 70

PETIT COURS DE LEÇONS morales et pratiques, par Mme Paul
Caillard. 1 vol. » 70

PIERRE ET PIERRETTE, ou les dangers du vagabondage, par
Mme Louise-Em. Belloc. (Ouvrage couronné par l'Académie
française.) » 60

LEÇONS PRATIQUES de civilité et de morale, par H. de la Bonnefon. » 60

OUVRAGES DIVERS.

CARTOGRAPHIE ÉLÉMENTAIRE DES ÉCOLES, par Braud et
Loiseau-Taupier, revue par Ch. Périgot. Collection de
cent cahiers in-4° oblong (dont 89 pour les départements),
2 pour l'empire français, et la France physique avec chemins de fer, 6 pour les cinq parties du monde (dont 2 pour
l'Amérique), 1 pour la Palestine, 1 pour la Mappemonde,
1 pour les signes et termes géographiques, et 1 pour l'Al-
gérie et les colonies françaises.

Chaque cahier se compose de 1 carte-modèle écrite et
coloriée, avec une notice statistique, historique et biographique ; 3 cartes-calques d'exercices à remplir ; 1 questionnaire général, etc., etc. Prix de chaque cahier. » 15

Prix de la carte modèle avec la notice. » 05

RÉCITS HISTORIQUES, par Dauban, 4 vol. in-12, fig., cart. :
1re partie : Histoire sainte. » 75
2e partie : Histoire ancienne (Orient). » 75
3e partie : Histoire ancienne (Grèce). 2 25
4e partie : Histoire romaine. 3 75

On vend réunies en un seul vol. les 3 premières parties
sous ce titre :
L'*Histoire ancienne*. 1 vol. in-12, br. 3 50

La 4e partie sous ce titre : *Rome ancienne*. 1 vol. in-12,
br. 3 50

LETTRES CHOISIES DE VOLTAIRE, par E. Fallex. 2 vol. in-8°,
br. 7 »

Les mêmes. 2 vol. in-12, br. 5 »

NOUVEAU RECUEIL DE MORCEAUX CHOISIS, par Gidel. 2 vol.
in-8°.

En vente : Prosateurs. 2 beaux vol., br. 7 »

ATHALIE, annotée, par J. RACINE. In-18, cart.   » 30

BRITANNICUS, annoté, par LE MÊME. In-18, cart.   » 30

ESTHER, annotée, par LE MÊME. In-18, cart.   » 30

MITHRIDATE (sans notes), par LE MÊME. In-18, cart.   » 30

VIES DES HOMMES ILLUSTRES DE LA GRÈCE, par PLUTARQUE, traduction RICARD, sans texte, édit. DAUBAN, avec fig., 2 vol. in-8°, br.   6 »

VIES DES HOMMES ILLUSTRES DE ROME, par LE MÊME, même édit., 2 vol. in-8, br.   6 »

HISTOIRE DE LA LITTÉRATURE ITALIENNE, par PERRENS. In-12, br.   3 50

COURS COMPLET DE DESSIN, par PERSIN.

1re partie : *Dessin linéaire à vue*, 52 modèles sur 24 planches sur quart de jésus, avec une instruction sur la méthode, br.   3 »

On vend séparément :

1re section, planches 1 à 8.   1 20
2e section, planches 9 à 16.   1 20
3e section, planches 17 à 24.   1 20
Chaque planche de 2 modèles.   » 30

2e partie : *Dessin linéaire exact* ou *géométrique*, 30 planches sur quart de jésus (renfermées dans un carton).   3 50
Avec texte explicatif.   5 50
Texte explicatif seul.   2 »

On vend séparément :

1re section, planches 1 à 4.   » 60
2e section, planches 5 à 10.   » 90
3e section, planches 11 à 14.   » 60
4e section, planches 15 à 19.   » 75
5e section, planche 20.   » 15
6e section, planches 21 à 23.   » 50
7e section, planches 24 à 26.   » 50
8e section, planches 27 et 28.   » 30
9e section, planches 29 et 30.   » 30

COURS ÉLÉMENTAIRE, théorique et pratique de dessin linéaire, par LE MÊME. 2 vol. in-8° obl., dont 1 de texte et 1 de planches, avec fig., br.   2 50

EXPOSÉ DE GÉOMÉTRIE ÉLÉMENTAIRE, par LE MÊME. In-32, br. rog.   » 40

OUVRAGE DU MÊME AUTEUR :

TRAITÉ THÉORIQUE ET PRATIQUE DU LEVÉ DES PLANS ET DE L'ARPENTAGE, précédé d'une introduction renfermant les éléments de Trigonométrie rectiligne, les règles du calcul logarithmique et des notions sur l'optique. Chez Eug. Chenu fils, à Orléans. 1 fort vol. grand in-8°, 8 planches, 138 figures. Prix : 8 fr.; — *franco* par la poste, 8 fr. 60.

ON TROUVE A LA LIBRAIRIE CH. DELAGRAVE ET Cⁱᵉ :

HISTOIRE DE FRANCE ABRÉGÉE, par Magin. In-18, cart. » 80
   Le même ouvrage, suivi d'une table chronologique. 1 fort vol. in-18, cart. 1 »
   Le même ouvrage, suivi d'un Memento, cart. 1 25

TABLE CHRONOLOGIQUE, par le même. In-18, br. » 25

CARTES MURALES ÉCRITES, par le même, haut. 1 m. 30 c. sur 1 m. 70 c. :
   1° France et pays voisins, 9 feuilles. 6 »
   2° Europe, 9 feuilles. 6 »
   3° Mappemonde, 9 feuilles. 6 »
   4° Système des poids et mesures, 9 feuilles. 6 »
   Le montage sur toile se paye en sus. 5 50
   Avec gorge et rouleau. 7 50
   Avec gorge et vernissage. 9 50

QUESTIONNAIRE SUR LA CARTE DE FRANCE, par le même. Gr. in-18, br. » 30

PETITES CARTES MURALES, par le même, haut. 0,64 c. sur 0,85 c.
   1° France et pays voisins, 1 feuille grand monde. 3 »
   2° Europe, 1 feuille. 3 »
   3° Mappemonde, 1 feuille. 3 »
   4° Palestine, 1 feuille. 3 »
   Le montage sur toile se paye en sus. 2 50
   Avec gorge et rouleau. 4 »
   Avec gorge et vernissage. 4 »

HISTOIRE DES PRINCIPAUX ÉCRIVAINS FRANÇAIS, par Antonin Roche. 2 vol. in-12, br. 6 »

LES POÈTES FRANÇAIS, par le même. Recueil de morceaux choisis, in-12, br. 3 50

LES PROSATEURS FRANÇAIS, par le même. Recueil de morceaux choisis, in-12, br. 4 »

HISTOIRE D'ANGLETERRE, par le même. 2 vol. in-12, br. 6 »

HISTOIRE DE FRANCE, par le même. 2 vol. in-12, br. 7 »